企业融资

股权融资 × 债权融资 × IPO上市 × 并购融资

陈雪涛　栗霄霄　著

中国经济出版社
CHINA ECONOMIC PUBLISHING HOUSE
北　京

图书在版编目（CIP）数据

企业融资：股权融资 × 债权融资 ×IPO 上市 × 并购融资／陈雪涛，栗霄霄著．—北京：中国经济出版社，2022.5

ISBN 978-7-5136-6892-7

Ⅰ．①企… Ⅱ．①陈… ②栗… Ⅲ．①企业融资－研究 Ⅳ．① F275.1

中国版本图书馆 CIP 数据核字（2022）第 062604 号

责任编辑　张梦初
责任印制　巢新强
封面设计　卓义云天

出版发行　中国经济出版社
印 刷 者　北京富泰印刷有限责任公司
经 销 者　各地新华书店
开　　本　710mm × 1000mm　1/16
印　　张　13.5
字　　数　171 千字
版　　次　2022 年 5 月第 1 版
印　　次　2022 年 5 月第 1 次
定　　价　65.00 元
广告经营许可证　京西工商广字第 8179 号

中国经济出版社 **网址** www.economyph.com **社址** 北京市东城区安定门外大街 58 号 **邮编** 100011
本版图书如存在印装质量问题，请与本社销售中心联系调换（联系电话：010-57512564）

自　序

融资难、融资贵一直是困扰中小企业发展的两大难题。2019年4月，中共中央办公厅、国务院办公厅印发《关于促进中小企业健康发展的指导意见》，从完善中小企业融资政策、积极拓宽融资渠道、支持利用资本市场直接融资等方面提出指导意见，力求破解融资难、融资贵难题。

在资本市场端，国家陆续推出鼓励资本运作市场化、拓宽企业融资通道的积极举措。从2006年新三板在中国诞生开始，2009年创业板正式上市，2018年设立科创板并试点注册制，一直到2021年北交所设立，中国资本市场不断深化改革，尝试了从审核制到注册制转变的多种途径，降低资本市场准入门槛，提高市场流动性，为迎合“大众创业、万众创新”的号召，持续不断地给创业项目及中小企业带来市场机会。

尽管如此，2020年新冠肺炎疫情的暴发使很多中小企业暴露出现金流的问题。清华大学和北京大学联合发起一项调研，结果表明在2020年初，受疫情影响，全国中小企业中有34%的企业只能维持1个月，33.1%的企业只能维持2个月，仅有9.96%的企业能维持6个月以上。面对这样残酷的现实，占中国企业数量90%以上的中小企业面临的最严峻问题就是资金困难。

麟玺资本自成立以来，一直深耕于创业企业的股权结构设计，以及产业资本在产业上下游中小企业扩张时期的资本推动作用研究。麟玺资本成立初期便与海尔、TCL等综合性产业龙头企业进行了深度合作。2014年参与海尔旗下雷神科技的天使轮融资，之后多次追投成为雷神挂牌前的第三大股东。此外，麟玺资本还深度研究了海尔小微创业孵化平台上的近10家企业，也深刻体会到了海尔集团前首席执行官张瑞敏先生提出的“人单合一”商业模式在海尔系创业企业成长道路上起到的决定性作用。

2016年，麟玺资本投资了一个天使项目——驭势科技，并长期为他们提供股权结构规划咨询。2020年，驭势科技用一年的时间完成大额B轮融资，在成立5年后进入其所在行业的独角兽阵营。截至今日，驭势科技已经吸纳48名股东与他们并肩作战。虽然驭势科技在短时间内引入大额资本，但这些资本并未影响到企业的自主发展，并对企业的产业背书及团队协作起到强大的支撑作用。就某种程度上而言，这得益于麟玺资本与初创企业多年来对国内多家投资方进行的长期深入研究，以及未雨绸缪的精心设计。

从财务方面看，一个企业成熟稳定的运作离不开开源和节流两种不同路径的组合。而企业融资绝不只是在企业走投无路之时寻找的救命稻草，而是企业在健康运作过程中不断精心设计、更新迭代的金融战略之一。

从旁观企业运作，到自己作为公司现金流的主人，再到给众多创业者做指导，这一路走来我们也遇到很多创业者都会遇到的问题，这些问题归结为一点就是资金流问题。所以，多年来，我们对企业主关心的现金流问题做了深入的思考与研究。

基于我们身边上百个成功与失败的案例，也基于麟玺资本多年来对周边人疑惑点的观察与归纳，我们将《企业融资　股权融资 × 债权融资 × IPO上市 × 并购融资》定位成一部全视角工具书，希望能够以通俗易懂、方便查阅的形式，呈现给对企业的资金融通管理有需求的创业者及企业主们。

本序主要希望帮助大家梳理本书众多知识点中的三类知识点：融资主要有哪些渠道可以选择？选择不同融资渠道及组合时，主要考虑哪些因素？针对不同融资渠道及融资方式，应该具备哪些基础知识和基本能力？

融资主要有哪些渠道可以选择？

根据资金来源，企业融资可以分为内部融资和外部融资。对于企业来说，内部融资比较简单，一个优秀的CFO就可以制订一个完备的融资规划，所以更多读者希望通过本书了解的还是外部融资。

在外部融资中，根据所融资本产权关系的不同，融资方式可以分为股权融资和债权融资两种。股权融资即出让部分企业股权，也就是部分股份所有权、控制权；债权融资，通俗地讲就是“欠债还钱，天经地义”，如果采用债权融资，对于创业者来说，公司还是你的，但欠下的钱需要还本付息。简单说，股权融资关心的是企业控制权与所属权的问题，而债权融资关心的是成本和信用问题。

本书归纳了四种股权融资通道、六种债权融资通道、十大融资渠道，足以匹配不同规模及类型的企业。在不同的阶段，企业可以根据自身的情况与核心诉求选择合适的融资方式。

选择不同融资渠道及组合时，主要考虑哪些因素？

这部分内容会穿插在各个章节当中，主要面向企业在不同阶段的差异性诉求，以及融资决策者需要根据当下情况所做的定制化判断。

这些因素主要归结于八大类别，大体包括五大外部因素，即经济环境、资金成本、融资方式的风险、利率变动及竞争程度；三大内部因素，即盈利能力/发展前景、企业的资产结构和资本结构及企业控制权。当然，这里很多因素是从内外部结合考量的，只是比重有所不同。虽然第一章有八大因素的归纳讲解，但读者应将八大因素自主代入后面各个大小章节，试着套用各个因素，结合企业自身状况及当下宏观环境，做出初步判断和畅想。

针对不同融资渠道及融资方式，应该具备哪些基础知识和基本能力？

当读者对市场上现有的融资渠道及考虑因素有了大致了解后，或者说已经对企业自身适合哪种融资方式组合做出基本判断后，势必需要考虑到执行问题。从执行层面看，企业融资不是决定了采用股权融资的方式就去做一份商业计划书，或是决定了使用银行贷款的方式就去银行官网查询所需材料那么简单。如果太过简单地看待这个问题，大多情况下融资企业不一定成功。

相反，如上面所说，企业融资是一个需要企业进行长期规划的战略性举措，势必需要开展长期、持续的准备工作才能在预期内达到融资目的。在股权融资中，常说的“A 轮死”通常就是因为融资方在早期天使轮及 A 轮融资时，没有在股权出让比例方面做好充分准备，没有对未来的融资规划协议约定细则及预案，使得后续资方权利义务不均衡，导致管理权分散，企业陷入生存危机。因此，本书在这些具体方案及细节上详细解释了各个融资渠道所涉及的相关政策、不同融资渠道所关注的核心问题及风险，以便读者在对融资策略进行预判时，可以及时做出资金规划及风险防控的合理预案。

企业融资是一个庞大的课题，任何一个领域挑出来细细研究都能成为一本书籍。但就像前面所说，这本书主要为了帮助读者建立一个相对完整而系统的企业融资思路框架，不是某一个领域的具体实操准则。可以说，市场上大部分的融资方案都会在这本书里有所探讨。未来，麟玺资本也会将这本书所涉及的基本概念做出更丰富的延伸，希望能够由点到面地帮助创业者及中小企业主们解决融资难、融资贵的实际问题。

在本书的最后，我要感谢麟玺资本团队中张效娱、朱勐、张子烨等几位同事。在我和栗霄霄女士创作本书的过程中，为确保书稿内容更加全面和完善，几位同事协助我们搜集整理相关资料素材、勘误校对文稿，并基于他们在投资领域丰富的实践经验给我们提了许多宝贵意见，以期为读者提供更多有益的建议。感谢他们在本书出版过程中付出的努力！

我由衷地希望本书能使创业者们、企业主们以及未来对企业管理有兴趣的朋友们有所裨益，在企业融资这条道路上少走一些弯路，早日实现自己的目标！

陈雪涛　麟玺资本创始合伙人

2022年2月27日

前　言

在市场经济环境中，企业已经成为全球经济市场中最具活力的主体。自改革开放以来，我国各类企业通过自身努力不仅有力地推动了国民经济的发展，而且在国际市场上占据了一席之地，极大地提高了我国在国际市场上的话语权与影响力。企业的发展离不开资金的支持，只有在充足的资金的支持下，企业才能正常开展生产经营活动，践行长期发展战略，实现健康可持续发展。然而无论对于初创企业、中小企业，还是对于高速发展的大型企业来说，资金都是稀缺资源。因此，如何有效融资就成为企业财务管理部门的重中之重。

从广义上看，融资也称为金融，指的是货币资金的融通，即公民利用各种渠道、各种方式在市场上筹措资金或者放贷资金的行为。从狭义上讲，企业融资指的是以企业为主体的资金融通行为。具体来看就是在资金短缺时，以最小的代价筹措到适量的资金；当资金盈余时，以最低的风险将资金投放出去，获取最大化的收益，最终实现资金的供求平衡。但大多数情况下，企业融资指的就是筹措资金的行为。

俗话说“巧妇难为无米之炊”，对于企业来说，这个“米”就是资金。企业融资的根本目的在于筹措更多的“米”，保证自身的生产活动与资本经营活动实现持续发展，但在实际融资过程中，每一次的融资活动都受特定动机的驱使，都有特定的目标。例如，企业为了保证日常生产经营活动进行融资；为了添置设备、扩大生产规模、引进新技术、开发新产品进行融资；为了兼并其他企业进行融资；为了偿还债务进行融资；为了上市进行融资；等等。无论企业融资的目的是什么，最终的目的只有一个，就是获取经济效益，实现股东价值最大化。

在我国的金融环境中，融资并非易事，特别是对于中小企业来说。再加上有些企业发起融资时没有明确的计划，抱着“广撒网捞大鱼”的心理对投资人、投资机构来者不拒，给很多招摇撞骗的投资机构与投资人可乘之机，最终不仅没有获得所需资金，而且蒙受巨大损失，轻则导致人力、财务出现一定的浪费，重则导致企业陷入生存困境。除此之外，有些企业在融资之前没有对融资过程中可能遇到的困难做好心理准备，一旦遭遇几次失败便会放弃整个融资计划，错失融资机会。为了避免这种情况发生，企业在融资之前必须制定融资计划书，保证融资活动能够顺利进行。

另外，企业融资经多年发展，已经形成了多元化的融资渠道，如信贷融资、证券融资、海外市场融资等。企业要善于对内外环境进行分析，结合未来的发展趋势，站在全局视角与企业长远发展的角度选择融资渠道与融资方式。对于企业来说，在某些情况下，最佳的融资渠道只有一条，这就要求企业管理者抓住最佳的融资机会；但在更多情况下，企业要尽可能拓展融资渠道，采用多元化的融资方式，优化融资结构，满足企业可持续发展需求。除此之外，融资目的不同，融资策略以及融资过程中的注意事项也不同。

《企业融资　股权融资 × 债权融资 × IPO 上市 × 并购融资》一书结合作者多年来在创投领域的实战经验，针对国内企业融资现状与问题，全面梳理企业融资的模式、渠道、政策与工具，旨在为国内企业家与创业者提供一站式融资解决方案，致力为企业破解融资难、融资贵问题，实现金融赋能实体经济的可持续发展。

全书从企业融资、股权融资、债权融资、IPO 上市、并购融资 5 个维度进行重点剖析，覆盖杠杆收购、股权出让、增资扩股、天使融资、VC 融资、PE 融资、银行贷款、债券融资、信托融资、民间借贷、信用证融资、融资租赁、IPO上市、并购重组等融资模式。案例拆解与实战技巧，帮助和指导企业经营者在全面了解和比较选择适合的融资渠道和工具的基础上做出科学的融资决策。

本书内容丰富、结构严谨、表格清晰、实战性强，很多技巧与策略拿来即用，语言简明流畅、通俗易懂，不仅适合创业者、企业管理者、投融资研究者阅读，还适合高校及大专院校相关专业的师生翻阅。

全书共分为五章，每章内容简述如下：

第1章　企业融资篇。本章是对企业融资的概述，系统阐述企业融资渠道、影响因素与注意事项；结合企业生命周期指导企业制定科学的融资策略；针对企业融资管理中存在的问题提出相应的优化策略；并对股权融资和债权融资两大企业外部融资方式进行比较分析，以便于企业选择适合自身发展的融资渠道。

第2章　股权融资篇。本章实战讲解企业杠杆收购、股权出让、增资扩股、私募股权等股权融资的主要模式与操作实务；基于企业在不同发展阶段的融资策略进行了详细分析，并对企业融资过程中的路演、谈判策略与估值方法进行详细分析；从投资机构的角度，总结企业融资中尽职调查的资料清单及注意事项。

第3章　债权融资篇。本章深度剖析了企业债权融资的操作实务与要点，涵盖银行贷款、债券融资、信托融资、民间借贷、信用证融资、融资租赁等六大融资渠道；针对各融资渠道的融资主体、工具、政策与实战方略进行了详细分析，帮助指导企业切实解决融资难、融资贵问题。

第4章　IPO上市篇。企业发展到一定阶段，为了开拓融资渠道，筹集企业发展所需资金，可能会选择上市。本章详细梳理美国，新加坡，中国内地、中国香港等主流资本市场的相关政策与法律法规；针对中国内地资本市场，对国内主板、创业板、科创板与北交所的上市条件和要求进行了详细分析；细致剖析企业

IPO上市流程与实务操作；重点拆解上市公司融资渠道与策略路径。

第5章　并购融资篇。当企业发展到一定阶段，公司的股东、董事会就会立足于公司发展战略研究制定公司重组方案，而公司重组的主要方式就是并购。本章全面阐述企业并购重组模式的操作实务与要点，如股权并购、资产并购、公司合并等；实战讲解上市公司并购重组的方案设计；详细分析企业融资并购渠道与操作实务；详细剖析企业并购中的融资风险并提出相应的防范对策。

目 录

第1章　企业融资篇

1.1　企业融资渠道路径与实战方略

企业自创立成功，到后期成长，到发展成熟，到最终衰退历经的整个过程就是企业的生命周期。从宏观角度来分析，企业的整个生命周期包括四个阶段：初创期、成长期、成熟期与衰退期。

企业在生产经营、结构改革及实施投资战略的过程中会产生资金需求，为了满足资金需求企业会采取融资策略，通过各种融资渠道及资本市场获得所需资金，这个过程就是融资。作为企业财务战略的一种，高效的融资能够提升企业的整体价值，增强企业发展的持续性。融资渠道、融资方式、融资收益、融资风险、融资规模、资本结构、资本成本等共同构成了企业的融资策略，企业需要根据自身情况及需求进行选择，综合考虑当下的生产经营状况、市场环境变化趋势等因素，确保融资战略符合企业发展所需。

1.1.1　企业融资渠道与影响因素

◆企业融资的渠道

在筹集资金的过程中，企业要选择与自身性质、未来走向、融资定位等相符的融资方式，彰显企业的独特性，体现企业的优势力量，使企业以稳妥、高效的方式获得资金支持。目前，企业主流的融资渠道包括信贷融资、证券融资、债券融资和股权融资，具体如表1-1所示。

表1-1 企业融资的主要渠道

融资渠道	具体内容
信贷融资	信贷融资是大部分企业的选择，这种方式受到众多企业的青睐。与其他方式相比，企业对这种方式的接受度最高
证券融资	很多企业会通过证券市场筹集资金
债券融资	企业着手开发新项目时，可能会通过发行债券来融资，这类项目通常需要大量资金支持，且利润空间较大
股权融资	中小企业可以将公司资产进行股份化处理，以管理层收购（Management Buy-Outs，MBO）、员工持股（Employee Stock Ownership，ESO）、定向发售股份方式进行融资，不局限于单一的股份发行方式

◆影响企业融资方式的因素

企业经营活动、投资活动的开展都离不开资金。对于财务管理人员来说，确定筹集到企业所需资金的方式是一项非常重要的工作内容。筹集资金可以选择的融资方式非常多，为了选到合适的融资方式，财务管理人员必须充分了解可能影响企业选择融资方式的因素。

（1）外部因素。

对融资方式选择产生影响的外部因素包括外部法律环境、经济环境、金融环境等。外部环境会直接影响到企业融资方式的选择。企业在选择融资方式时必须遵循税收法规的相关要求，充分考虑税率变动可能给融资方式选择带来的影响。持续调整的金融政策会给企业融资、利润分配、投资、资金运营活动产生直接影响，而且会使融资风险、融资成本发生一定的改变。

经济环境指的是企业理财活动所处的宏观经济环境。在经济快速发展阶段，企业需要通过增发股票或者发行债券筹集资金，享受经济快速发展带来的红利。随着经济发展态势不断改变，政府政策会做出相应的调整，企业的融资方式也要有所调整。

（2）内部因素。

内部因素主要包括企业发展前景、盈利能力、经营状况、财务状况、行业竞争力、资本结构、控制权、企业规模、信誉等。受市场机制的影响，这些内部因素不断改变，企业要对融资方式做出灵活调整，以满足融资需求。

◆企业融资过程中存在的问题

从长远发展的角度来看，企业需要依靠融资来支持自身的生存与发展。但企业在融资过程中会受到来自企业自身及外部市场中诸多因素的影响，在融资过程中面临诸多阻力。目前，国内资金市场在融资方面发展得还不够完善，如果企业本身缺乏实力基础或项目不尽人意，融资难度就非常大，最终会因缺乏资金、渠道难以拓宽等问题日渐衰微。有些企业试图通过国外市场解决资金短缺问题，这无疑需要投入更多的成本。具体来看，企业在融资过程中面临的问题主要表现在以下几个方面。

（1）融资渠道相对单一。

经过多年的探索与实践，国内市场为企业提供的融资渠道逐渐增多，但这些渠道并非向所有企业开放，而是设置了一定的门槛。以股票市场为例，企业成功上市后可以通过股市进行融资，壮大自身的资本实力，但并非所有企业都能够上市，真正能够进入股市的企业少之又少，达不到上市要求的企业只能依靠银行贷款解决资金短缺问题。所以，贷款融资仍然是大多数企业的选择。

（2）融资中介存在风险隐患。

银行能够为企业提供融资中介服务，证券市场同样能够帮助企业解决资金问题，是企业融资过程中不可忽视的参与者。因此，银行、证券市场的运行情况事关企业的发展，例如，当银行、证券市场的运行面临危机时，企业就无法顺利完成融资，危机严重时，还会使整个金融行业动荡不安。股票市场也是如此，有些公司采用“借壳上市”的方式，抱着侥幸心理在股市投机取巧，给整个股市运行的稳定性造成了严重不良影响。

（3）融资企业信用度不高。

为了壮大自身的资金实力，企业往往采取多种措施拓宽融资渠道，增加资金来源。但有些企业只考虑资金来源，忽略了后期的还贷问题，那些依赖银行贷款的企业更是如此，部分企业甚至抱着不还款的心态去借款，这种行为会给银行、投资人带来极大的利益损失，导致自身的信用度下降，不利于整个社会形成稳定的信用秩序，最终的结果就是无法再从投资人和银行手中获得更多资金支持，在融资过程中遇到更多阻力。

1.1.2 企业内部融资与外部融资

一般来看，资本市场的融资方式可以分为两种类型，一是直接融资，二是间接融资。但近年来，金融创新活动频发，这两种融资方式的界限已经不甚分明。以资产证券化为例，贷款原本是银行资产业务，但抵押贷款发行债券又可以归入负债业务，该业务性质究竟应该如何界定，人们很难给出准确答案。所以，在选择融资方式时，企业需要对融资方式、融资策略的利弊进行深入分析，以降低融资成本、减少融资风险。

◆企业融资方式的类型划分

从资金来源看，融资方式可以分为两种，即内部融资和外部融资，具体如表1–2所示。

表 1–2　企业融资方式的两种类型

融资类型	具体内容
内部融资	内部融资指的是利用企业内部的现金流满足企业的资金需求。内部融资的资金来源是企业留存的税后利润与计提折旧形成的资金
外部融资	外部融资指的是利用外部资金满足企业的资金需求，具体方式有两种：一是直接融资，二是间接融资。直接融资指的是企业直接通过证券市场发行股票、信托产品、公司债券等方式获取资金的行为；间接融资指的是企业通过银行等金融机构获取资金的行为。也就是说，在企业间接融资方面，银行贷款是一种比较重要的方式

从融资过程中的产权关系来看，融资方式同样可以分为两种类型，一种是权

益融资，一种是债务融资。权益融资无须偿还本金和利息，是一种永久性的融资方式；债务融资需要偿还本金和利息，会在很大程度上诱发企业的财务风险。

◆先“内部融资”后“外部融资”

现代资本结构理论中有一个非常著名的理论——优序理论，根据这个理论，企业在选择融资方式时要先选择内部融资，然后再选择外部融资。这里内部融资的资金来源主要是企业留存的税后利润。在内部融资无法满足企业资金需求时再选择外部融资。而在外部融资过程中，企业要先选择风险较低的债务融资，然后再选择发行新股票融资。企业之所以要选择这种融资顺序，原因有三：

（1）相较于外部融资来说，内部融资成本较低，风险较小，灵活度更高。采用内部融资，企业可以对财务风险进行有效控制，维持良好的财务状况。

（2）如果企业的负债比率，尤其是高风险负债比率加大，企业的财务风险、破产风险就会增加。

（3）如果企业选择股权融资，资金使用效率会有所下降。某些企业会用通过股权融资筹集到的资金投资自身不熟悉、投资收益率也不高的项目；某些上市企业甚至会对招股说明书中的资金用途进行变更，并且无法保证变更之后的投资活动可以获利。

如果企业的经营业绩没有显著提升，开展新的股权融资会导致企业的经营业绩下降，使每股收益下降，最终使投资人的利益受损。除此之外，随着我国资本市场的制度建设日益完善，企业股权再融资门槛与成本会不断提升。例如，2008年，针对再融资企业的分红问题，证监会出台了征求意见稿，提升了上市公司再融资时的分红比例，要求《上市公司证券发行管理办法》（以下简称《管理办法》）做出相应调整。调整之后，《管理办法》规定执行再融资的企业最近3年分配的利润不能少于最近3年年均可分配利润的30%。与此同时，随着投资人不断成熟，企业在股票选择方面会愈发理性，股权融资会变得愈发艰难。

目前，我国大部分上市企业最先选择的融资方式是发行股票融资，其次是债务融资，最后是内部融资，与上面提到的优序理论正好相反。这种融资方式的选择很容易降低资金使用效率，使财务杠杆作用弱化，让企业更倾向于选择股权融资。

1.1.3 企业融资策略与实战方略

◆选择适合的融资方式

不同的企业拥有不同的特性，要据此选择适合自己的融资方式，这需要企业在发展过程中不断进行尝试与探索，最终采用符合自身特性、能够满足自身发展需求的融资方式进行资金筹集。

不过，企业的融资方式选择是有规律可循的，大多数企业会选择一种主导的融资方式，例如，将银行贷款或者股票作为主导融资方式，再结合其他融资方式的使用体现出企业特色。

◆健全信用体系

企业要想提高融资能力，就要提高自身的信誉度，健全信用体系。信誉度高的融资企业，融资成功的概率也更大，拥有良好的信用，企业在融资时就拥有更多机会，可以快速实现资金积累。另外，企业提高自身的信誉度，能够间接限制失信企业进行资金积累，提高自身的竞争实力，提高自身的信用等级，树立良好的企业形象，提高融资效率。

◆适当地降低融资成本

企业为实现融资目的而消耗的资金即为融资成本，包括融资时实施组织管理及其他费用支出，资金使用费等。融资成本事关企业的融资效率，是企业选择融资方式时需要考虑的重点因素。因此，企业在融资过程中要注意控制融资成本。这个环节会受到诸多因素的影响，是对企业能力的考验，所以，企业应该根据自身特性及需求选择适合自己的融资方式。

◆有效拓宽融资渠道

企业在融资过程中要突破单一渠道的限制，提高自身的市场适应能力，形成完善的融资体系，有效拓宽融资渠道，同时要积极联系融资机构，如融资租赁公司、信托投资公司等，寻找适合自己的融资方式，通过多元化的方式解决企业的资金短缺问题。

◆掌控融资机会

由促使企业达到融资目的的诸多因素共同形成的融资环境与融资时机，就是企业应该抓住的融资机会。为了成功融资，企业必须在发展过程中持续进行改革创新。因此，在寻找融资机会的过程中，企业会逐渐走向成熟，在资金积累的基础上为后续发展做好准备。在这个过程中，企业要注重处理内部融资环境与外部融资环境之间的关系，体现企业的优势力量，提前预测环境变化及未来走势，迅速采取应对措施，综合分析各个方面的因素，在了解内外部环境变化的基础上，探索适合企业自身的融资机会。

◆借鉴国外融资模式

发达国家的融资模式包括两大类：以证券融资为主的融资模式，典型实践者如英国、美国；以银行贷款为主的融资模式，典型实践者如德国、韩国、日本等。国内企业在选择融资方式时，可以对发达国家的两大融资模式进行对比分析，汲取发达国家的优秀经验，依据中国的具体国情，以及企业自身的特性和发展需求，选择适合自己的融资方式。在这个过程中，企业要注重思维创新，从整体上提高融资能力，探索有利于长远发展的资金积累方式。

企业的生存与发展离不开资金的支持，无论企业属于哪个领域、哪种类型，都要依靠资金获得持续性发展，所以，企业必须注重资金积累。

企业进行资金积累能够增强自身的资本实力，逐渐提高支付能力，为后续发展打下坚实的基础，进而提高自身的盈利能力，实现飞跃式发展。另外，通过资金积累，企业能够提高自身的信誉度，建立良好的形象，逐渐扩大市场份额，在竞争中掌握更多的主动权，依靠资本实力将竞争对手甩在身后，不断扩大自身的业务规模，增强自身的优势力量，进而提高自身发展的持续性。

因此，企业要立足长远，以科学、合理的方式进行融资，采用认真、审慎的态度选择融资方式、制定相关决策，综合考虑各方面因素，力求通过融资不断提高自身的竞争力，有效实现资金积累，增加自身收益，达到融资目的并推动自身发展。

1.1.4 企业融资需要考虑的八个问题

企业要以自身财务状况、经营状况为依据，结合宏观经济政策选择适合自己的融资方式。

◆考虑经济环境的影响

这里的经济环境指的是企业开展财务活动所处的宏观经济状况。在经济快速增长阶段，为了与经济增长速度保持一致，企业需要筹集资金添置固定资产与存货，引进人才。在这个阶段，企业可以采用的融资方式有增发股票、发行债券、银行借款等。在经济增长速度趋于平稳之后，企业对资金的需求会逐渐下降，在此阶段，企业要尽量避免使用债务融资，并且要逐渐收缩债务融资的规模。

◆考虑融资方式的资金成本

资金成本指的是企业为筹集资金付出的代价，融资成本与融资收益成反比例关系。因为融资方式不同，资金成本也不同，为了以较低的成本获得更多资金，企业要对各种融资方式的资金成本进行对比、分析，尽量选择成本低的融资方式。

◆考虑融资方式的风险

融资方式不同，融资风险也不同。一般来讲，因为债务融资需要定期偿还本金和利息，而企业可能因为各种原因无法按时偿还，从而诱发融资风险。股权融资因为无须定期偿还本金和利息，所以融资风险较小。企业选用债务融资，在财务杠杆的作用下，如果企业的息税前利润下降，税后利润及收益会以更快的速度下降，从而诱发财务风险，甚至有可能导致企业破产。在这方面，美国几大投资银行早已有前车之鉴。所以，企业在选择融资方式时必须根据自身的实际情况，衡量不同融资方式的风险，选择适合自己的融资方式。

◆考虑企业的盈利能力及发展前景

根据一般规律，企业的盈利能力、财务状况、变现能力、发展前景都与承担财务风险的能力成正比例关系。如果企业的投资利润率比债务资金利息率高，那么企业的净资产收益率会随企业负债的增加而增加，权益资本所有者获利更多，企业发展前景更好。所以，如果企业处在盈利能力不断提升阶段，可以优先选择债务融资。相反，如果企业的盈利能力、财务状况、发展前景均不好，就要尽量避免选用债务融资，以降低财务风险。

如果企业的盈利能力较强，具有股本扩张能力，可以通过新发股票或者增发股票融资，选用股权融资或股权融资与债券融资相结合的方式筹集资金。

◆考虑企业所处行业的竞争程度

如果企业所在行业的竞争形势非常激烈，行业进出门槛较低，获利能力不断下降，在此情况下，企业就要优先选择股权融资，谨慎使用债务融资。相反，如果企业所在行业竞争不甚激烈，进出门槛较高，企业销售利润有可能实现快速增长，企业就可以优先选择债务融资，增加负债比例，获得财务杠杆收益。

◆考虑企业的资产结构和资本结构

一般来讲，如果企业总资产中企业固定资产的占比较高，总资产的运转速度就会下降，企业需要更多权益资金作支撑。如果企业总资产中企业流动资产占比较高，总资产的运转速度就会加快，企业可以通过流动负债筹集资金。

企业想要拥有合理的资本结构，资产负债率过高时要想方设法降低负债比例；资产负债率过低，财务政策比较保守时，可以抓住合适的机会扩大负债，分享财务杠杆的收益，使企业的资本结构日渐完善。

◆考虑企业的控制权

发行普通股可能会导致企业的控制权被稀释，甚至有可能导致企业的原有股东失去对企业的控制权，而债务一般不会对企业的控制权造成不良影响。所以，企业要以自身情况为依据对融资方式进行合理选择。

◆考虑利率、税率的变动

如果当前的利率较低，但未来有上升的可能，那么企业可以选择债务融资，以便将利率稳定在较低状态。相反，如果当前的利率较高，企业可以选择股权融资或流动负债融资，以降低财务风险。从税率方面来看，企业通过债务融资可以获得减税利益，这个减税利益会随着所得税税率的增加而增加。在这种情况下，企业可以选择债务融资。相反，如果债务融资获得的减税利益较少，企业就要选择股权融资。

综上所述，每个企业都要面临融资方式的选择问题。在选择融资方式时，企业要对影响融资方式选择的内部因素、外部因素进行综合考虑，以具体情况为依据选择成本低、风险小、价值大的融资方式。

1.2 基于企业生命周期的融资策略

在制订融资策略的过程中，企业要分析当前所处的发展阶段，对各个生命周期的特征进行逐一分析，制订科学、合理的融资策略。

1.2.1 企业初创期的融资策略

处于初始发展阶段的企业活力十足，敢于创新，且能够调动员工参与的积极性。但企业的生产经营还在探索之中，产品未得到消费者的普遍认可，企业需要进行市场拓展，很多活动都需要资金支出，存在融资需求。与此同时，企业承担着各种经营风险，生产技术的应用还不成熟，产品竞争优势十分有限，未来市场开拓前景还未可知。处于这个阶段的企业缺乏资金实力，盈利能力不足，且面临较高的经营风险，融资难度比较大，很多企业只能通过抵押方式获得银行的资金支持。

权益性融资是处在这个阶段的大多数企业的选择，企业的融资方式包括政府投资、内部融资、风险投资等。企业在初始发展阶段通常要购买或租用场地、引进设备、采购原材料，企业通过融资能够满足自身的发展需求，支持后续运营。另外，处在这个阶段的企业在偿债能力方面往往有所欠缺，债务性融资方式的采用会使企业面临更多的财务风险。政府方面的资金支持会降低企业的融资风险，风险投资能够满足企业的资金需求，并为企业发展提供有效指导。如果条件足够，企业不妨根据自身发展需求选择借壳上市，快速切入市场，以免错失良机。

1.2.2　企业成长期的融资策略

处于成长期的企业仍十分富有活力，擅于创新，产品的市场接受度不断提高，企业实力日益壮大。在这个时期，企业的资金流出往往超过资金流入，需要从外部渠道获得资金。

在这个时期，企业仍面临较高的风险，但相较于前一个阶段有所下降，且企业的风险承受能力有所提高，可以利用融资杠杆提高自身收益；产品销售量提升，市场认可度提高，企业能够获取更多的资金支持，在市场上树立起更好的形象；为了保持快速发展，企业应该获取更多资金，这个时期的企业盈利主要投入推广、规模扩大、产品及技术研发等方面，缺少风险资本的支持，企业有更高的资金需求。为了实现快速成长，企业需要从多个渠道进行融资。

处于成长期的企业可以采用权益性融资与债务性融资相搭配的方式，通过增发股票、发行债券、风险投资、融资租赁、信托计划、长期借款等方式进行融资。相较于初创期，这个阶段的企业拥有更好的融资环境，能够通过更加多元化的方式、更多的渠道进行融资。这是由于这个阶段的企业掌握着更多资产可用于抵押，商业信用更高，经营稳定性提高，获得债务性资金支持的难度下降。债务融资方式的采用能够让企业在短时间内筹集所需资金，降低融资成本，灵活运作，在保证投资人控制权的基础上更好地发挥融资杠杆的作用。

权益性资本融资也是一种选择。条件达到之后，企业可实施外部权益性融资，通过公开发行股票、定向增发、发行债券等方式筹集资金。采用内部权益融资方式，能够获得潜在投资群体的资金支持，通过提高税后收益留存比例获得更多资金支持。

在日常流动现金方面，企业不妨利用商业信用进行融资，如通过政策性贷款机构、融资机构获得资金支持，解决自身的资金短缺问题。在制订融资策略时，企业需要考虑自身的偿债能力与经营发展状况。

1.2.3 企业成熟期的融资策略

进入成熟阶段后，企业的主要产品已经得到了市场的认可，品牌识别度大大提高；企业经营管理的规范化水平明显提升；产品销量日渐增多，总体盈利水平提高，但边际盈利能力有所下降，难以实现快速增长。

与此同时，企业的现金收入远超现金支出，企业具备一定的资金实力，生产经营的安全性明显提高，风险降低。不足之处在于，企业难以为自身发展注入更多的盈利增长动力，现有资金未得到充分利用，企业举债经营能力不足。这个阶段的企业可通过债务类融资方式获得资金支持。

进入成熟阶段后，企业的现金收入通常高于现金支出，能够在经营活动中获得一定的资金积累；通过实现规模化经营、规范化管理提高整体经营的安全性，拥有一定的偿债能力，所以企业不妨根据自身发展所需扩大融资，进一步提高自身的盈利能力。对于成熟期的企业而言，债务性融资是一种理想选择，具体如通过发行债券获取更多资金，这种方式不会对控股人的利益造成影响，同时又能利用融资杠杆促进自身发展。

在这个过程中，企业要承担以下风险：在约定时期无法偿还本金利息，导致信誉度下降；无法快速进行资产变现；经济主体的利益因债券利率不稳定而受到影响；等等。面对这些情况，企业应该及时制定解决方案。具体包括依据自身实际情况决定负债比率，选择期限较长、能够在一定条件下转换成公司股票的债券发行。

1.2.4　企业衰退期的融资策略

资产负债率居高不下是很多处于衰退期的企业面临的问题。除此之外，在衰退期，企业产品的市场需求开始萎缩，企业的边际收入明显下降，生产经营缺乏灵活性，财务风险增加，企业内部结构频现冲突，给企业形象造成了不良影响。

这个阶段的企业正在走下坡路，要想获得新的发展，必须对传统发展模式进行改革，否则就会持续衰退。相反，如果企业能够及时转变发展方向，对现有资源进行优化利用，就能为自身发展开辟新的道路。

对于处于衰退期的企业而言，衰退期也是新发展时期的准备阶段，此时企业仍然拥有广阔的市场发展前景，不必刻意降低负债率，为了获得高收益，会有部分投资人愿意冒险投资。此外，企业的财务基础足以支撑高负债融资模式的实施。

处于衰退期的企业通常面临较高的风险，这时企业需要调整发展战略，充分发挥自身的经验优势，选择合适的融资渠道开展资本运作，向更加平稳的方向发展。如果企业未开辟出新的发展道路，则需要转变思维，通过出售或转让的方式保持既有价值。

1.3　我国企业融资管理的优化策略

1.3.1　企业融资管理的作用与原则

资金是企业运营和发展的前提和保障，在如今的社会主义市场经济体制下，首先，企业要想发展壮大，占据更大的市场份额，必须解决融资难的问题，获取充足的资金支持，为此，企业可以通过发行股票、债券或向银行贷款的方式筹集资金；其次，企业想要提高市场竞争力，开展多元化经营，在市场竞争的过程中也需要巨额资金；最后，企业想要掌握生存和发展的主动权离不开创新，每一项创新都需要大量资金支持，所以企业需要对融资问题进行进一步的了解。

目前，在高速发展的市场经济环境下，企业在市场竞争中胜与负的关键就在于企业融资的速度和规模，因此，融资已成为企业发展的必要手段。

融资管理就是企业向企业以外的单位、个人或从企业内部筹集生产经营所需资金的一项财务管理活动。具体来讲就是企业筹集资金的行为与过程，是企业根据自身的生产经营状况、持有资金的状况，以及企业对未来经营发展的需要，通过科学预测和决策，采用一定的方式方法，从一定的渠道向投资人和债权人筹集资金，以确保公司正常生产、经营、管理。

◆企业融资管理的作用

资金是企业生产的第一推动力，企业能否获得稳定的资金是实现企业目标的基础。

现今的社会是一个资本的社会，企业只有创建一个覆盖范围更广的融资平台，才能获取更大的利润。而融资的目的就是为了搭建更广阔的平台，取得更丰厚的收益。同时融资方式的不同也是影响企业盈利水平的关键，融资可以通过降低成本来减少支出，增加企业价值；也可以通过提高资金成本来提高企业的盈利水平；还可以通过分配方式的不同来影响市场，提高企业价值。选择方法的不同也体现了管理者的风险偏好，管理者要充分利用融资管理给企业带来更多价值。

◆企业融资管理的原则

企业为了扩大生产，合理配置资源，应该了解并遵循融资的几个基本原则，力求为企业创造更大的财富。

（1）收益风险匹配、资本结构合理原则。

企业在融资过程中可能会遇到各种风险，如政策风险、利率风险、经济风险、管理风险、诚信风险、评级风险等。如果企业在融资的过程中不考虑企业的资本结构，即企业的各种资本来源构成及比例关系，一味地多融资，在面对这些风险时，企业的资金链条就会崩溃，最终导致破产。

（2）成本最低、方式最佳原则。

提起成本就要考虑资本成本和融资成本，资本成本可能是企业内部或外部筹集的，企业要为资金的使用付出代价。而本书考量的是融资成本，即企业应该承担的融资费用和使用费用。企业的融资成本决定着融资效率，融资成本越高，融资效率越低，企业赚到的钱就越少。因此，企业要选择最佳的融资方式，降低成本、提高收益。

（3）资金的需求期限、使用期限适宜原则。

企业不同，业务不同，对资金的需求期限也不同。企业要对不同的资金需求进行细分，如高科技领域的新产品，这类产品被消费者接受需要较长时间，导致企业对资金的需求时间也比较长；而一些普通商品，消费者接受所需时间较短，企业需要的资金量较少。因此管理者需要仔细考虑要进行短期融资还是长期融资。

（4）持有控制权原则。

在当今的市场经济体制下，企业融资与企业的控制权之间有着密切联系。企业融资涉及治理企业、规定企业控制权、影响股东利益和企业发展等方面，就好像债权股权既定的企业，股东或经营者是企业的控制人，但在面临破产时，企业只能依靠融资，企业的控制权就会转移到债权人手中。

1.3.2 企业融资管理存在的问题

一个企业在发展过程中离不开资金的支持，这时就需要对融资管理进行合理规划，以提高企业的融资能力。目前企业融资存在着资金需求时间长、资金需求量大等特点，这是企业融资管理需要解决的问题。

◆融资行为不规范，存在盲目性

企业融资经常选用贷款的方式，而企业目前经常进行一些跨行业、跨地区的投资，这时就会去当地的银行进行融资，就会产生超额融资情况，导致企业资本结构混乱。而且企业在面对机遇时经常忘记其背后隐藏的风险，表现为急功近利，看哪个行业发展好，不考虑企业实际情况，立刻进行大笔融资，盲目扩大生产，最终导致供大于求，产品滞销，使企业蒙受巨大经济损失，出现资金周转困难等一系列问题。

◆融资结构不合理，渠道单一

目前，市场上需要的是高科技设备、高素质人才，但是引进设备、培养人才需要大量的人力物力，这也是企业资金的主要使用方向。企业为了拥有这些资金需要大量融资，企业的融资方式主要是内源融资，远远无法满足生产发展的需要，而外源融资需要的条件高、时间长，在很大程度上限制了企业的资金来源，阻碍了企业的发展。而且企业的设备安装、人才培养要在企业发展的中后期才能实现，不少企业为了提前取得这些成就，不惜盲目地扩大生产规模、降低成本、提高生产效率，不考虑市场的需求量和产品的质量，导致企业竞争力减弱，库存积压。但如果企业不进行设备和人才的更新，一味地生产同类产品，也会造成这样的现象。因此，目前，很多企业亟须跳出这种恶性循环，焕发新的面貌。

◆融资时管理者缺少风险意识

企业在开展生产经营、开发新产品等活动时，融资是不可避免的，这时管理者就起到了非常关键的作用。有些管理者融资方面的知识薄弱，意识不到融资伴生的风险，只是一味地追求企业的扩张与发展，同时采用多种融资手段扩大资金再生产，忽略了现金性风险与收益性风险，给企业带来很多问题。如遇到风险时，企业无法采取有效措施对风险进行防控，无法形成资金链，一旦生产经营过程中的某个环节发生问题，很容易造成融资与企业发展脱节。

1.3.3　企业融资管理的优化策略

资金是确保企业生产经营活动得以顺利开展的核心资源，而融资是企业获取资金的一条重要渠道，它以企业资产及未来发展前景为背书，通过各种金融交易得到投资人的资金支持。融资能力是衡量现代企业市场竞争力的一项重要指标，提高企业的融资管理能力，在为企业募集满足实际发展需要所需资金的同时，还可以降低融资成本与风险，是企业管理者亟须解决的重要问题。

随着相关政策及法律法规的出台及修订，企业融资准则发生了较大改变，同时，企业面临的市场竞争也日渐加剧，对企业的融资管理提出了更高的挑战。下面对新企业融资准则背景下的企业融资管理策略进行深入分析。

◆发挥中小银行的重要作用

我国正在进行包括金融机制改革在内的一系列体制机制改革，而加快金融机制改革，放宽银行对企业的融资限制，积极整合民间资本及社会闲置资金，加强信息披露制度建设，能够有效降低企业融资门槛，推动企业持续健康发展，促进国民经济稳定增长。

充分发挥包括地方银行在内的各类中小银行的作用。中小银行的主要客户为家庭、个体商户及中小企业。在中小银行为客户服务的过程中，服务人员要充分搜集融资企业的相关信息，防范瞒报、虚报数据等行为发生，提高融资的安全性，有效控制融资风险。

扶持鼓励中小银行持续稳定发展，将对民间金融市场建设与完善产生强大推动力。长期以来，我国广大中小企业的融资渠道受限，为了得到资金支持，往往通过民间金融渠道融资。同时，中小企业规模庞大，融资需求旺盛，使民间金融市场得以快速发展。但民间金融市场存在监管空白，融资风险得不到有效控制，因为融资纠纷引发的社会负面事件不计其数。而支持中小银行发展，让家庭、个体商户及中小企业能够通过正规的银行渠道完成融资，可以对民间金融市场的发展与完善产生积极的推动作用。

◆积极开辟直接融资渠道

长期以来，中国企业直接融资比重相对较低，对间接融资尤其是银行贷款有较高的依赖，融资渠道受限导致融资额及融资效率较低、融资成本及融资风险较高等诸多问题，银行机构要承担较高的融资风险。虽然近几年部分企业开始通过股票市场融资，但股票融资的占比远远没有达到预期水平。

证券市场不完善是其发展滞后的主要原因。在证券市场高度成熟的美国，证券融资占比明显高于股票融资，而我国股票融资的规模却达到证券融资的三倍左右。

所以，支持证券市场发展，放开企业证券融资限制，拓宽企业融资渠道，不但能够完善证券市场，还有助于优化企业融资结构。此外，对于资产负债率较低的企业而言，他们更倾向于通过发行企业债券融资，优化企业的资产负债结构，提高金融杠杆，推动企业快速扩张。

◆增强成本与风险意识

（1）科学把握市场资金供需情况，树立成本意识，正确认识不同融资方式对融资成本及融资额度的影响，有效控制融资成本。

（2）在对直接融资、间接融资、混合融资等多种融资方式进行分析的基础上，制定真正适合企业的融资策略。

（3）灵活选择融资方式是企业增强风险意识、具备较强风险管理能力的直接体现。毋庸置疑的是，企业采用不同的融资方式所面临的风险也不同。

例如，权益性融资企业可以得到永久的资金，不用还本付息，但会稀释原有投资人对企业的控制权；债务性融资需要企业定期还本付息，但不会稀释原有投资人对企业控制权。此外，即便选择同种融资方式，处在不同发展阶段的企业所面临的融资风险也有所差异。所以，企业融资管理水平与能力的提升应该建立在提高企业成本与风险意识的基础之上。

1.3.4　完善企业的融资监管机制

◆强化会计报表的规范性

日益完善的融资监管机制要求企业提供真实、规范、完整的会计报表，例如，当企业向商业银行贷款融资时，银行将根据企业的会计报表决定放款额度。因此，企业能否将净资产、利润额、现金流等财务状况信息在会计报表中清晰地展现出来，将对融资结果产生直接影响。

此外，企业投资人也对会计报表高度重视，他们会根据专业机构对会计报表的审计、评估等制定投资管理决策。如果审计、评估结果无法达到预期，投资人不仅不会追加投资，还可能减持股份。从诸多实践案例来看，我国企业会计报表中的问题主要包括以下几点：

（1）企业对资产负债表数据弄虚作假。

（2）会计报表时间跨度较短，难以为企业提供有价值的参考信息。

（3）企业资产负债率较高，影响投资人信心。

（4）企业重大收支事项透明度较低。

所以，结合上述问题，对企业会计报表中的一系列问题进行优化完善很有必要。

◆严格审查并评价融资方案

企业制定融资方案后，对融资方案进行严格审查并评价很有必要。评价的重点是保障融资的平衡性，将更多的资源倾斜到重点项目中。从企业实际发展情况看，企业要对融资规模、资金用途、融资时长、成本控制等进行科学合理的规划，规范融资程序、避免资金浪费。在实践过程中，企业可以从表1–3所示的几个方面对融资方案进行审查。

表 1–3 融资方案的审查要点

序号	融资方案审查要点
1	资金来源占比是否合理，融资成本是否在可接受的范围内
2	融资方案是否适合企业当前发展阶段
3	对资金结构进行审查，优化融资结构
4	分析融资过程是否规范，融资方案是否有较高的实操性，完成融资目标的同时能否提高企业公信力与影响力

◆做好会计人员综合培训工作

制度与管理手段的落地实施必然需要相关人员的有力支持。会计人员是企业融资管理的主要负责人，对会计人员进行综合培训，提高其专业水平与综合素质，使其熟练掌握财务管理的相关法律法规，增强其风险意识，树立岗位责任感，对强化企业融资管理能力具有十分积极的影响。

培养会计人员的职业道德是会计人员综合培训的一项重要内容，要提高会计人员的法律意识，使其能够积极承担企业及社会责任，保障企业会计工作的规范性，定期进行自我反思与总结，同时要不断提高自身的知识水平与业务能力，善于观察，在规避部分潜在融资风险的同时，制定融资风险应急机制，以便在遇到突发状况时能够将负面影响降至最低。

1.4 企业股权融资与债权融资比较

资金常被比作企业的血液，是企业运营的基础和前提，为企业的持续发展提供保障。企业经常借助融资使资金供求保持平衡。根据所处的发展阶段不同，企业选择的融资方式也有所不同，目前来看主要分为股权融资和债权融资两大类。两类融资方式在融资风险、融资成本、对企业控制权的影响等方面存在差异，各有优缺点。

下面对股权融资和债权融资进行简单介绍，然后比较两种融资方式，并对企业如何选择合适的融资工具进行分析。

1.4.1　股权融资的主要渠道

一般来说，业界将企业通过出售股份来筹集资金的方式称为股权融资。通过这种融资方式，企业筹得资金后不需要偿还本金和利息，但需要股东共同分享盈利和承担亏损。股权融资还可以进一步细分为股权质押、股权转让、股权增资扩股和股权私募四种融资方式。

◆股权质押

债务人把自己的财产或权利移交给债权人作为担保，向债权人贷款的行为就是质押。在股权质押中，持股人为了获得资金而质押自己的股权，需要注意的是，股东只是交出股权中与财产权相关的权利，并不交出参与决策和选择管理者等其他权利。因此，股权质押中的质权人并不能算是获得了股东的全部权利，只是获得了股权中的财产权。

◆股权转让

与股权质押仅移交和财产权相关的权利不同，股权转让是指企业股东把股份的全部权益都转移给他人，实际上是一种物权变动。发生股权转让后，企业股东发生改变，接受转让的人成为企业的新股东。股权转让是较为常见的融资方式，能够在一定程度上提高股权的流动性，提升企业运营的效率和活力。此外，股权转让需要转让方和受让方达成一致，为了维护双方的合法权益，应该采取协议的方式进行转让。

◆股权增资扩股

顾名思义，股权增资扩股就是企业通过调整股份来增加资金，主要实现方式有发行股票、向社会募集股份、吸引新股东投资和原股东扩大股权等。与上述两种融资方式不同的是，这种融资方式的重点在于“增加”而不在于“转移”，资金的受益者是企业。通过扩增投资，企业可以筹集到更多的经营资金，有利于企业发展壮大。不过，虽然股权扩大和注册资本增加有助于企业发展，但企业也要制定完善的经营计划，让股东获得稳定的回报，才能实现长久发展。

◆股权私募

股权私募是一种定向引进新股东的融资方式，新股东的人数往往在两百名以内，股票不会公开发行，企业通过股权转让、增资扩股等方式从中获得资金。

在条件合适的情况下，股权私募融资是一种有效的融资方式，我国有不少企业通过这种方式获得了良好发展。如行业领先的顺丰速运，成立20年后第一次股权融资就是采用的私募投资，获得了招商局集团、中信资本、元禾控股、古玉资本的80亿元联合投资。如今，顺丰仍呈现良好的发展态势，营业收入和利润率在行业均名列前茅。顺丰获得成功的很大一部分原因就在于股权结构清晰，债务债权关系简单，被基金和投资公司看好，从而获得稳定的资金支持，这就是股权私募融资方式带来的积极影响。

1.4.2 债权融资的主要渠道

简单来说，债权融资是指企业通过借贷的方式筹集资金。在债权融资中，企业需要按照约定的时间偿还本金和支付利息，因此企业筹得的资金具有时限性。与股权融资相对的是，债权人不享有企业决策权和收益权等各项权利。债权融资渠道可细分为银行贷款、发行债券、可转换债券等。

◆银行贷款

企业选择贷款融资，不仅要定期偿还本金，还要支付较高的利息。并且，企业向银行申请贷款要用一定的资产作抵押。在索取收益与企业清偿的资产方面，贷款比股权优先，有抵押的贷款比没有抵押的贷款优先。

相较于其他几种方式来说，贷款申办速度比较快，灵活性比较强。但贷款有一个局限，就是申请贷款的企业必须有抵押物或者良好的信用记录，否则银行不会批准。除此之外，贷款的用途也会受到一定的限制。

◆发行债券

债券是企业的借款票据，需要企业偿还本金、支付利息，是一种长期债务、从属债务。在清算支付优先级排序中，债券排在贷款之后。因此，在某些情况下，银行会将债券视为贷款人的资产，也就是在计算资产负债比时不会将企业债券列入债务，这样一来，银行就可以为企业提供更高的贷款授信额度。当然，这种操作有一个前提条件就是债券还没有到偿付期。

部分投资人会在购买企业债券时要求获取股票认购权，以便在企业经营状况不佳时优先收回本金，在企业经营状况良好时按照事先约定的价格购买企业股票，对企业的增值收益进行分享。在现实生活中，很多MBO投资基金都会用这种方式投资MBO企业，在某些情况下，投资基金公司也会要求获得投票权。

在具体应用方面，因为国家对企业债券的发行主体有严格要求，所以债券的用途也受到了很大的限制。

◆可转换债券

在一定条件下或者在一定时间内，可转换债券可以转换为普通股股权。持有可转换债券的投资人不仅可以在企业经营状况良好时分享企业增值收益，还可以在企业经营状况不好时收回本金，获取利息。

对于创业投资公司来说，可转换债券是一种非常好的投资工具，他们经常用“优先股+可转换债券”对创业公司进行投资，在创业公司经营状况不佳时，投资企业可以将自己的损失降到最低，获取债权收益；在创业公司经营状况比较好时，投资企业可将债券转化为股权，获得更高的投资收益。

对于融资企业来说，可转换债券是一种他们最不想看到的融资工具，因为他们要为可转换债券的持有者支付本金和利息，导致企业的现金流减少，财务负担增加。所以在投资人利用可转换债券投资时，融资企业必须做好审核工作。因为在某些情况下，投资人直接购买的股份与通过可转换债券转换获得的股份加在一起可能比企业计划出让的股份还要多。

◆从属可转换债券

从属可转换债券比可转换债券低级。从属可转换债券的持有者没有投票权，但有获取财务报告的权利，在一定条件下，从属可转换债券也可以转换为股权，而且可以对享有优先权的债务的数额进行限制。在公司清算时，相较于普通股与优先股来说，从属可转换债券可以率先获取资金。

◆过桥贷款

过桥贷款是企业在急需资金，但没有完成长期融资的情况下暂时借贷的一种行为。一般来讲，过桥贷款经常发生在杠杆收购与上市之前。

相较于其他几种融资方式来说，过桥贷款具有较高的风险。在过桥借贷的过程中，企业原始股东也好，外部投资人也罢，都有可能要求企业抵押企业资产或股权。因此，借款人会在过桥贷款到期前开展长期融资，为了融资成功，借款人会对长期融资对象做出很大的让步。为此，企业在过桥贷款之前必须对其中的条款进行反复斟酌，尽量延长贷款期限，可以预先设定一些条件将过桥贷款转变为长期贷款。

1.4.3 股权融资VS债权融资

◆融资方式不同

股权融资和债权融资是两种不同的融资方式。股权融资主要是通过企业增资的方式引进新股东，获得资金，企业不用偿还本金和支付利息，但是需要股东共同分享企业的盈利或承担亏损。债权融资是通过借贷的方式来获得资金，渠道有向银行或其他机构贷款、发行债券或者向第三方个人借贷等，企业需要按期偿还本金并支付利息，债权人不享受企业决策权和企业盈利等。

◆融资成本不同

股权融资的成本高于债权融资。一方面，股权融资中需要支付给股东的股利要根据扣税之后的利润支付，债权融资中产生的利息费用则是在税前进行计算，因此债权融资具有抵税的作用。另一方面，在发行费用方面，股票的发行费用高于债权。综合来看债权融资的成本更低一些。

◆风险不同

企业在进行融资时要考虑融资风险。股权融资和债权融资的风险有很大的区别。在实际融资过程中，企业比较关注付息压力，根据前文介绍的两种融资方式的特性，股权融资获得的资金不需要定期还本付息，而是与股东共享收益，承担亏损。因此股权融资的财务风险小于必须定期还本付息的债权融资。

◆对控制权的影响不同

在对企业控制权的影响方面，债权融资的表现则优于股权融资。这是因为在股权融资模式下，随着股本增加和股东人数的增多，企业的控制权也会随之分散，此外，发行新股还会导致流通在外的普通股数量增多，在短期内导致收益和股价下降。相比之下，债权融资既不会导致股本增加也不会分散企业的控制权。

◆对企业的作用不同

不同的融资方式会在多个方面对企业产生不同的作用。对于股权融资来说，发行的股票是企业的永久性资本，资本增多有助于增强企业信誉，有利于企业其他方面的业务运行，还有利于企业进行债务融资。此外，股权融资可以抵御风险，为企业的稳健发展提供强有力的保障。

对于债权融资来说，债权可以为企业提供更多资金杠杆收益，可转换债券和可赎回债券可以为企业带来更灵活的资本结构。此外，在企业收益状况比较好时，企业也只需要对债权人还本付息，并不需要额外分享收益，这也是债权融资的一个优点。

1.4.4 企业融资工具的选择

综观我国的创业公司，大量创业者借助股权融资使公司得到了快速发展，相比之下，仅借助债权融资的公司发展起来则困难很多。然而仅依靠股权融资也有一定的局限性。虽然股权融资与债权融资相比风险更小，资金使用周期更长，还不需要偿还本金和利息，但是过度依赖股权融资会导致创始团队的股权被不断地稀释，公司控制权不断分散，甚至面临失去控制权的局面。因此企业在借助股权融资发展扩张的同时不能忽视债权融资成本低、不会分散控制权的优点。

企业想要获得持久稳定的发展需要做到统筹兼顾，在融资方式的选择上亦是如此。初创公司需要结合自身情况，从各个方面对融资方式进行深入考察，引导股权融资和债权融资相结合，让公司在获得有力的资金支持的同时具备抵御各种潜在风险的能力。

◆以普通股的形式融资

投资人选择股权融资的目的是在企业运营状况比较好的情况下分享资本增值，所以企业可以要求投资人与自己共同承担运营风险，发放普通股进行融资。如果企业融资对象是一家有着多年投资经验的海外创业投资企业，企业就要转变策略，不能再以普通股融资，除非企业有很高的谈判筹码。

◆债权融资

因为持有债权可以获取一定的利益，所以投资人也会选择债权投资。并且相较于股权来说，债权享有优先偿还权，可以降低投资风险。如果投资人选择债权投资，融资企业必须在合同中对各种债权的优先权做出明确规定，以免日后发生争执。

◆以优先股形式融资

创业投资机构喜欢优先股投资，因为持有优先股表示获取了表决权。创业投资机构不仅要求享有一般表决权，还要求享有对企业重大事务的一票否决权，如企业再度融资、债务安排等事务。

◆以可转换债券的形式融资

企业利用可转换债券融资，以借贷的方式从投资人手中获取资金，再通过协商将债权转换为股权，从而降低融资风险。同时，可转换债券的持有者还可以通过将债权转换为股权分享企业的增值利润。

◆创业投资公司最喜欢用的投资工具

对于创业投资企业来说，他们最喜欢使用的投资工具是可转换优先股或可转换债权，因为这两种投资工具都可以有选择地将优先股转换为普通股，或者将债权转换为优先股，规避投资风险，获得优先偿付，分享企业的增值收益。

第2章　股权融资篇

2.1　股权融资主要模式与操作实务

2.1.1　杠杆收购融资操作实务

杠杆收购又称为融资并购，指的是通过增加公司财务杠杆来获得资金收购目标企业，并利用目标公司的现金流量偿还债务。一般来说，在杠杆收购中，借入资金在收购资金总额中的占比为70%~80%，剩下的来自自有资金。通过杠杆收购组建的公司的负债率一般在85%以上。

◆杠杆收购的主要特点

首先，在杠杆收购模式下，大部分收购资金来源于借贷，企业只要能提供10%~15%的自有资金即可。收购企业可以用被收购公司的资金或现金流量来偿还贷款，被收购公司支付自己的售价。收购公司除了要投入的自有资金外，对贷款不承担任何义务，债权人只能向被收购公司寻求补偿。为了获得优先受偿权，贷款人可以对被收购公司的资金投保。

其次，在杠杆收购模式下，因为财务杠杆比率非常高，所以非常适合资金不足、财力较差的中小企业使用。另外，杠杆收购融资产生的负债比较高，而利息支出可以在税前扣除，使纳税所得额基数大幅下降。

有些公司为了避免与股东利益发生冲突，减少代理成本而选择管理层收购。对于管理层收购来说，杠杆收购是使用频率最高的一种融资方式，公司管理层会通过银行机构或者信贷投资机构获取贷款。

◆杠杆收购实务运作

虽然杠杆收购非常适合资金不足的中小企业使用，但对于大部分中小企业来说，使用杠杆收购融资并不简单。因为杠杆收购的资金70%~80%源于借贷，而我国借贷的主体是银行，中小企业在获取银行贷款方面面临的困难非常多。

面对中小企业提出的借贷申请，银行会对其运作情况、经营管理状况、获利能力、市场竞争力等进行综合评估。企业只有通过评估才能获得资金，完成杠杆收购。因此，从某种程度上来说，杠杆收购既是融资手段，也是融资目的。

杠杆收购与其他的收购方式一样，比较看重被收购公司的一些特点。

（1）被收购公司拥有稳定连续的资金流，资产负债率较低。因为大部分收购资金源于借贷，因此收购公司会率先考虑被收购公司的现金流与资产负债率。被收购公司的现金流稳定、资产负债率低，才会激发收购公司的收购行为。

（2）管理层经验丰富，拥有较大的成本降低空间。因为杠杆收购完成后，收购企业要用被收购企业的现金流偿还贷款。管理层的经验丰富，可以保证现金流稳定，较大的成本降低空间则可以让收购公司更好地盈利。除此之外，如果被收购公司的一些非核心部门或者产业容易出售，为了快速获得资金，必要时可以将其售出。

企业在决定进行杠杆收购之前，必须对上述两项内容进行充分考虑，对杠杆收购的可行性做出科学判断，对被收购企业的价值做出科学评估。在决定进行杠杆收购之后，收购企业要对被收购企业的资产进行评估，决定收购之后要全力筹集资金完成收购。

在杠杆收购的过程中，企业要面临一定的风险，包括丧失偿债能力风险、股东收益变化风险等。收购企业必须对这些风险做出准确判断，采取有效措施予以控制。

盈利是企业的根本目的。在市场经济环境下，企业想要在激烈的市场竞争中站稳脚跟，实现更好的生存与发展，各种经济行为都必须以盈利为目的。为了实现盈利，企业必须对各项事宜做出全面考虑。

管理层收购的主要目的在于明确企业产权，对管理层产生激励作用。但对我国多个管理层收购案例进行研究发现，转让价格都低于每股净资产。为了规范管理层收购，国资委发布《关于规范国有企业改制工作的意见》，基本上叫停了管理层收购。因为在现实生活中，管理层收购能否顺利完成在很大程度上取决于企业与当地政府的关系。如果企业与当地政府的关系比较好，除了低价收购外，管理层还可以利用收购后获得的股份分红分期偿还借款。

而杠杆收购的资金大部分来源于过桥贷款。企业完成收购后再通过上市公司的股票质押获得贷款来偿还过桥贷款。在这种情况下，管理层持有的股份非常不稳定，一旦管理层无法按时偿还贷款，其持有的股份就有可能发生变化。

2.1.2 股权出让融资操作实务

股权出让融资指的是企业出让部分股权以获得所需资金的一种融资方式。根据出让股权的价格与其账面价格之间的关系，股权出让融资可以划分为三种类型，分别是溢价出让股权、平价出让股权、折价出让股权。根据出让股权所占比例，股权出让融资也可以划分为三种类型，分别是出让企业全部股权、出让企业大部分股权和出让企业少部分股权。

◆股权出让的主要特点

股权出让融资的特点主要体现在股权结构、管理权、发展战略、收益方式等四个方面，具体如表2-1所示。

表 2–1　股权出让的主要特点

主要特点	具体内容
股权结构	企业出让股权之后，原有的股权结构会发生改变，原股东的股权被稀释，可能丧失控股地位
管理权	企业股权结构发生变化，可能会导致管理权发生变化。如果企业出让的股权比较多，企业管理权可能会转移到股权出让后的控股股东手中
发展战略	如果企业的管理权发生变化，新上任的管理者可能会基于自身的想法与利益制定新的发展战略，调整企业的发展路线
收益方式	投资人往往希望能在短时间内看到回报，可能不太注重企业的长远发展。为了在短时间内获得最大化的收益，投资人可能调整发展战略，对企业原有的收益方式造成影响

综上所述，股权出让融资可能会改变企业的控制权，对企业发展造成一定的影响。在这种情况下，是保持原来的发展战略，还是出让股权获取更多资金，对于企业管理者来说是一大难题。

◆股权出让实务运作

在股权出让融资中，如何选择股权出让对象是一大难题。如果企业与股权出让对象无法在企业发展问题上达成一致意见，出让股权后可能导致企业的发展方向发生改变，使企业融资失去意义。一般来说，股权出让对象主要是大型企业、产业投资基金、政府投资、个人投资、外商投资等，如表2–2所示。

表 2–2　股权出让的主要对象

主要对象	具体分析
大型企业	企业向大型企业出让股权，获得大型企业的投资不仅可以解决资金问题，而且可以利用大型企业成熟的产品研发能力、生产能力和多元化的销售渠道，改善自身的生产、管理、运营模式，实现更好的发展。但是，大型企业不会无缘无故地投资中小企业，所有投资行为的发生都是出于自身利益的考虑，可能会与中小融资企业的利益发生冲突
产业投资基金	产业投资基金投资企业的目的是获取收益，与企业的发展目标比较一致。对于想要通过出让股权获取融资的企业来说，吸引产业投资基金的步骤大致如下：首先，企业要与产业投资基金接触，进行自我介绍，说明企业的具体情况；其次，产业投资基金亲临企业进行考察，如果有投资意向就商谈投资方式；最后，签订投资协议，共同制订企业的发展计划
政府投资	为了支持科技类中小企业发展，我国各级政府通过财政拨款的方式设立了各种基金，如由国务院批准、科技部操作的“中小企业创新基金”等，这些基金会根据企业的实际情况以贷款贴息、无偿贷款、资本金投入等方式为企业提供资金支持。相较于经济效益来说，这些基金更看重社会效益，是科技类中小企业最佳的融资渠道

续表

主要对象	具体分析
个人投资	近年来，随着我国城乡居民收入的不断增长，个人资金的数量已十分可观。但由于我国金融市场目前仍很不完善，向个人融资的成本较高
外商投资	自改革开放以来，我国金融市场的开放程度不断提升，吸引了很多国外的投资机构与个人投资人进入。他们不仅会为企业提供资金支持，而且会给国内的金融市场带来新的运作制度与方法。随着企业的接受程度越来越高，外商投资也逐渐成为企业最常用的一种融资方式

从企业的角度看，企业选择股权出让的方式进行融资的原因有很多，具体包括希望引进新的投资人、融资需要、想要改善企业的经营管理、为了实现企业的发展战略等。一些受政府支持的企业因为发展前景比较好，很容易找到股权的受让方。但普通企业或者处于亏损状态的企业选择出让股权融资时要选择与自身业务相关、有助于自身发展的企业，具体操作流程如下。

首先，企业在出让股权之前不能涉及行政处罚、诉讼等事件，以免给股权交易造成不良影响。其次，企业要接受股权受让方委托的会计师事务所、资产评估公司对企业资产、财务状况进行审计的行为，根据审计结果确定交易价格。如果涉及法律问题，要聘请专业的律师出具相关文件。

在前期准备工作完成之后，双方要进行协商，以资产评估结果为基础，通过对企业增值潜力等因素进行综合考虑确定最终的交易价格。除此之外，股权出让可能涉及大额交易，由于交易数额较大，股权受让方可能希望延长付款期限，出让方则希望缩短付款周期，所以双方要就出让款项的支付问题进行协商。

2.1.3 增资扩股融资操作实务

增资扩股融资指的是企业根据发展需要以扩大股本的方式融入所需资金。根据股权扩充的价格与股权原有价格之间的关系，增资扩股融资可以划分为两种类型，一种是溢价扩股，一种是平价扩股。根据资金来源，增资扩股融资也可以划分为两种类型，一种是内源增资扩股，也称为集资，一种是外源增资扩股，也称为私募。

◆增资扩股的主要特点

企业通过增资扩股募集的资金属于自有资本，可以有效提高企业的借款能力与资信水平，扩大企业的经营规模，壮大企业的整体实力。由于资本金不需要固定支付，所以企业面临的财务风险比较小。除此之外，企业不仅可以通过增资扩股募集资金，还可以获取先进技术与设备，提高整体的生产经营能力。

虽然资本金的报酬支付形式比较灵活，但企业要与投资人分享收益，资本成本仍然较高。企业经营状况越好，盈利越多，资本成本就越高。而且，企业采用增资扩股的方式进行融资，要向投资人交付等价值的经营管理权。

◆增资扩股实务运作

（1）上市公司的增资扩股融资。

上市公司增资扩股融资指的是上市公司面向全社会公开发行股票，包括向原来的股东配售股票，向社会公众发售股票。按照《公司法》和《证券法》的相关规定，上市公司想要开展增资扩股融资必须满足一些条件，包括3年内连续盈利、财务文件无虚假、募集资金必须按照招股说明书所列用途使用等。

根据中国证券监督管理委员会发布的《上市公司新股发行管理办法》，上市公司通过增资扩股融资时，股票发行、资金用途、公司治理、公司章程等都必须符合规定。除此之外，证监会的相关文件还对向原来的股东配售股票、向社会公众发售股票做出了相应的规定；对公司最近三个会计年度的加权平均净资产收益率、新发行的股份数量等都做出了明确规定。上市公司的增资扩股融资必须遵守这些规定。

（2）非上市公司的增资扩股融资。

非上市公司的增资扩股融资就是直接吸收资金，扩大资金来源。这里的“资金”含义非常丰富，包括现金、厂房、机器设备、材料物资、无形资产等。

非上市公司在快速发展阶段非常适合使用增资扩股这种方式直接吸收投资。

在增资扩股之前，企业要先明确所需资金的数量，以便精准地筹集到所需资金。然后，企业要做好宣传工作，让投资人了解企业的经营状况与财务情况，以便找到最合适的投资人。找到投资人之后，双方要就融资事宜进行具体协商，包括融资数量、出资方式等。在这个过程中，如果双方没有太大异议，就可以围绕投资作价问题进行进一步协商。最后，企业可以根据出资协议中规定的出资期限与出资方式按计划获取投资。非上市公司通过增资扩股融资，在引入新的投资人之后必须明确新的产权关系。

企业采用增资扩股的方式融资必须遵守相关的法律法规，保证所获资金的合法性。如果企业为了发展业务开展增资扩股融资，可能导致公司原有的股权结构发生变化，导致企业的控制权发生变动。在这个过程中，对企业未来发展有信心的股东可能会追加投资，获得企业的控制权，对企业未来发展没有信心的股东可能会趁机退出。

股权出让之后也有可能发生增资扩股。增资扩股、企业的控制权发生转移之后，新的控股股东为了扩大生产，加快企业的发展步伐，可能会与其他股东协商继续进行增资扩股。如果第一轮增资扩股进行得比较顺利，新股东与管理层的市场认可度比较高，第二轮增资扩股就能更加顺利地开展。

企业在开展第二轮增资扩股之前最好先进行市场调查，对企业的经营状况、发展需要、市场形势、投资人对企业的信心等进行全面考虑。企业管理者必须认识到融资金额过少不仅无法支持企业发展，而且还要付出大量融资成本；融资金额过多需要增发许多股票，不仅会稀释企业的管理权，而且还会增加企业的资金管理压力，导致股票增发失败，给企业声誉造成不良影响。

如果增资扩股是关联交易，除了要聘请专业机构对企业的会计报表、财务状况、资产价值进行审核与评估之外，关联方还要根据相关规定在董事会表决时回避，以保证交易的公平性，更好地维护中小投资人的利益。

2.1.4　私募股权融资操作实务

私募股权投资（Private Equity，PE）指的是向非上市股权或者上市公司发布非公开交易股权募集资金的一种融资方式。发起私募股权投资的企业获得投资之后，可以将募集到的资金用来进行新产品或新技术研发、兼并收购、提高企业的负债能力等。

私募股权融资不公开发行股票，而是面向特定投资人，实现方式包括增资扩股、股权转让等。私募股权融资的主要优势如表2–3所示。

表 2–3　私募股权融资的主要优势

序号	主要优势
1	私募股权融资流程较短，方便快捷，不需要担保和抵押，企业可以在短时间内获得所需资金
2	私募股权投资人会更积极地帮助企业提高经营管理水平，帮助企业制定长期性的战略规划，从而实现快速发展
3	企业利用私募股权融资，可以引进更多优质资源，增加企业资产总量，拓宽融资渠道，助力品牌建设

基于上述优势，私募股权融资得到我国政府的大力支持。近年来，我国政府出台了一系列政策推动私募股权融资持续稳定发展，例如《关于私募股权基金管理职责分工的通知》《私募投资基金管理暂行条例（征求意见稿）》等。在中国证监会及中国基金业协会的努力下，私募股权融资行业建立了“7+2”自律体系，包括7个自律管理办法和2个指引，其中7个自律管理办法包括募集办法、登记备案办法、信息披露办法、从事投顾业务办法、托管业务办法、外包服务管理办法、从业资格管理办法；2个指引包括内部控制指引和基金合同指引。

推动私募股权融资发展不能仅靠政策驱动，市场也发挥着不可取代的作用。以产权交易市场为例，通过规范、有序的产权交易市场，投资人可以找到适合投资的企业，保障投资收益，降低投资风险。

天津、广州、江西等地区都在积极推动私募股权融资发展，建立并完善产权交易市场，利用该市场的资源整合能力，为广大非上市企业尤其是资源匮乏的中小企业提供融资服务。

以天津股权交易所为例，天津股权交易所于2008年9月成立，面向广大中小企业及创新型企业打造了基于商业信用的“小额、多次、快速、低成本”的创新融资模式，得到广大中小企业的积极响应。不仅如此，山东、湖南、山西、浙江、江苏、福建、河北、广东等多个地方的政府出台了利好政策鼓励当地公司在天津股权交易所挂牌。

作为我国对外开放的窗口，广州地区的私募股权融资出现时间较早。早在1999年，广州就建立了广州产权交易市场，交易项目涵盖了汽车、化工、零售、高新技术等多个领域。

整体来看，随着产权交易市场不断发展与完善，越来越多的中小企业通过产权交易市场成功融资，其海量的信息资源可以满足选择不同融资方式的融资企业的差异化需要。同时，产权交易市场凭借透明、开放、规范等特征，能够为投资人的资金进入及退出保驾护航，切实保障其合法权益。

2.2 从天使轮到IPO的企业融资策略

2.2.1 企业各阶段的融资策略

目前，融资已经成为企业快速崛起、占领市场的一项有效策略。对于国内企业来说，他们最擅长的是债权融资，尤其是银行贷款。但随着股权融资逐渐兴起，这种融资方式逐渐成为企业获取资金的主流方式。

简单来说，股权融资指的是企业股东出让部分企业所有权，通过企业增资的方式引进新的股东的融资方式。也就是说，股权融资可以看作企业与投资机构的一场联姻，企业用部分股权获取自己所需的资源，主要是资金。因为股权融资不需要偿还本金，所以在债权融资不理想的情况下，股权融资就成了企业的最佳选择。

需要注意的是，不是只有上市企业才能进行股权融资，每个企业都可以。一般来说，在企业实现IPO（Initial Public Offering，首次公开募股）之前往往要经历多轮股权融资，包括天使轮、A轮、B轮、C轮、Pre-IPO轮等。除此之外，还有种子轮、Pre-A轮、D轮、E轮、F轮等。融资阶段不同，融资逻辑、所获收益、所面临的风险也不同，具体分析如下。

◆初创期天使轮

天使轮融资发生在企业初创阶段，即企业刚刚成立，或者所有项目仍停留在纸上，需要注入资金才能启动，将一些想法与概念转变为可以创造价值的产品。一般来说，天使轮融资的金额不低于50万元，不高于1500万元，公司出让的股权比例不低于15%，不高于20%。

因为融资金额较小，投资主体就是天使轮投资人。天使轮投资人的数量可多可少，投资金额最大的为领投，其他为跟投。天使轮融资的风险在于企业刚刚成立，未来发展具有极强的不确定性，有可能发展壮大，有可能破产退市。据统计，大约每1000个天使轮项目只有2.5个项目能够拿到C轮融资，能够实现IPO的更是凤毛麟角，投资人在这个阶段会非常谨慎。

◆初创期A轮

A轮融资指的是企业首次正式引入战略投资人的融资环节，在这个阶段，企业想要融资成功，必须向投资机构展示KPI。例如，如果是互联网公司，就要向投资机构展示日活跃用户数量、网站成交金额、用户总数等，用真实的数据与成绩说服投资机构。一般来说，A轮融资的金额不少于1500万元，不多于1.5亿元。

严格来说，在天使轮与A轮融资之间还有一个Pre-A轮融资，也就是所谓的夹层轮融资。如果在A轮融资的过程中，企业不想接受投资机构给出的估值，或者投资机构的投资意愿不强，可以进行一次Pre-A轮融资作为缓冲。一般来说，Pre-A轮融资的金额不少于500万元，不高于1500万元，而后的A轮融资金额为2500万元。

A轮融资引入的是战略投资人，接洽对象主要是投资机构。

◆成长期B轮

企业进入B轮融资，说明项目发展良好，商业模式、盈利模式已经比较成熟，在业内也有了一定的口碑，希望通过新一轮融资来筹集资金，推出新业务，拓展新领域。一般来说，B轮融资的金额不少于2亿元，融资渠道有两条，一是说服A轮投资机构进行跟进投资，二是说服其他私募股权投资机构投资。

企业能否成功完成B轮融资主要取决于两个因素。

（1）估值方案是否合理。企业估值常用的方法有三种，一种是按照市盈率估值，也就是P/E估值法；一种是按单用户贡献进行估值，也就是P/MAU估值法；还有一种是按市销率估值，也就是P/S估值法。我国投资机构在对企业进行估值时最常使用的是P/E估值法，相较于企业的覆盖率、成长性，他们更看重企业的盈利能力。因此，在进行B轮融资之前，企业要权衡利弊选择一种对企业未来发展有利的估值方案。

（2）企业前期估值金额。一些初创企业在A轮融资金额过多，B轮估值无法支撑A轮估值，项目发展前景一览无余，增长空间有限。在这种情况下，很难有投资机构进行投资，B轮融资很难成功。

◆成长期C轮

进入C轮融资说明企业进入稳步成长期，积累了一定的资源与经验，项目逐渐成熟，融资的主要目的在于拓展新业务、形成商业闭环、为上市做准备。因此，这一阶段的融资金额较高，一般在5亿元以上。完成C轮融资之后，一些企业就可以被称为“独角兽”了。

但C轮融资也存在一定的风险，据统计，从A轮融资到B轮融资大约有60%的企业会被淘汰，从B轮到C轮会有大约70%的企业被淘汰，大约只有12%的企业能顺利进入C轮融资。进入C轮之后，投资人会更加理性。

◆成熟期Pre-IPO轮

完成C轮融资之后，企业可以根据自己的需求进行D轮、E轮、F轮等。但很多时候，企业在完成C轮融资之后就会开始筹划IPO。

在IPO之前，企业会再进行一次融资，即Pre-IPO。进入这个阶段的大多是优秀的企业与项目，投资机构的投资方式以私募股权投资为主。投资机构如果想退出，只能等企业上市之后，从公开资本市场出售股票套现退出。为了保障自身利益，投资机构一般会与融资企业签订对赌协议。

Pre-IPO融资也存在一定的风险，一方面，此轮融资会在一定程度上抬高企业估值，企业上市后可能因为估值偏高导致收益缩水；另一方面，随着IPO监管越来越严格，监管“红线”越来越多，企业能否顺利上市存在很大的不确定性，这种不确定性会在一定程度上增加投资风险。

2.2.2 天使投资、VC与PE投资详解

◆天使投资

天使投资（Angels Invest）是指个人出资协助有专门技术或独特概念但缺少自有资金的创业者进行创业，并承担创业中的高风险，享受创业成功后的高收益。或者说是自由投资人或非正式风险投资机构对原创项目或小型初创企业进行的一次性的前期投资。

天使投资作为风险投资的一种，具有以下特征，如表2-4所示。

表 2-4 天使投资的主要特征

序号	主要特征
1	资金额一般较小，而且是一次性投入，投资方不参与管理，对风险企业的审查也并不严格，更多的是基于投资人的主观判断或者投资人的个人好恶所决定的。通常天使投资由一个人投资，并且是见好就收，是个体或者小型的商业行为
2	很多天使投资人本身是企业家，了解创业者的难处。天使投资人是初创公司的最佳融资对象
3	天使投资人不一定是百万富翁或高收入人士，可能是邻居、家庭成员、朋友、公司伙伴、供货商或任何愿意投资公司的人士
4	天使投资人不仅可以带来资金，而且可以带来关系网络。如果天使投资人是知名人士，还能提高公司信誉

◆风险投资

风险投资（Venture Capital，VC）又称创业投资，是指由职业金融家投入新兴的、迅速发展的、有巨大竞争力的企业中的一种权益资本。具体来说，风险投资将资本投向以高科技与知识为基础，生产与经营技术密集型的创新产品或服务。

风险投资在创业企业发展初期投入风险资本，待其发育成熟后通过市场退出机制将所投入的资本由股权转化为资金，获取回报。风险投资的运作过程分为融资过程、投资过程、退出过程。

风险投资是企业成长与科技成果转化的孵化器，主要有融资、资产配置、产权流动、风险定价四大功能，具体如表 2-5 所示。

表 2-5 风险投资的主要功能

主要功能	具体内容
融资功能	风险资本为创新企业提供急需的资金，保证创业对资金的连续性
资产配置功能	风险资本市场存在着强大的评价、选择和监督机制，产业发展的经济价值通过市场得以公正地评价和确认，以实现优胜劣汰，提高资源配置效率
产权流动功能	风险资本市场为创新企业的产权流动和重组提供了高效率、低成本的转换机制和灵活多样的并购方法，促进创新企业资产优化组合，并使资产具有较充分的流动性和投资价值
风险定价功能	风险定价是指对风险资产的价格确定，反映的是资本资产所带来的未来收益与风险的一种函数关系。投资人可以参照风险资本市场提供的各种资产价格，根据个人风险偏好和未来预期进行投资选择。风险资本市场正是通过这一功能在资本资源的积累和配置中发挥作用的

◆私募股权投资

私募股权投资是通过私募形式对非上市企业进行的权益性投资，在交易实施过程中附带考虑了将来的退出机制，即通过上市、并购或管理层回购等方式，出售持股获利。

广义的PE是对处于种子期、初创期、发展期、扩展期、成熟期等各个时期的企业进行投资。狭义的PE主要指对已经形成一定规模的，并产生稳定现金流的成熟企业进行私募股权投资，主要指创业投资后期的私募股权投资部分，并购基金和夹层资本在资金规模上占比很大。

私募股权投资基金是推动资本市场可持续发展的重要力量。私募股权基金产业的快速发展将为提高金融业的收益率提供新方法，也为解决民营小企业的金融困境提供有效的途径，打通产业需求和金融资本获利的需求。

◆天使投资、VC与PE投资三者的关系

天使投资是风险投资的一种。风险投资一般投资额较大，在投入资金的同时也投入管理，并且会随着所投资企业的发展逐步增加投入。天使投资投入的金额一般较小，一次性投入，不直接参与企业管理，对投资企业的选择更多基于投资人的主观判断甚至喜好。

PE与VC虽然都是对上市前企业的投资，但是两者在投资阶段、投资规模、投资理念和投资特点等方面有很大不同。

区分VC与PE的简单方式是：VC主要投资企业的前期，PE主要投资后期。当然，前后期的划分使得VC与PE在投资理念、规模上都不尽相同。PE对处于种子期、初创期、发展期、扩展期、成熟期和Pre-IPO各个时期的企业进行投资，所以广义上的PE包含VC。在激烈的市场竞争下，VC与PE的业务渗透越来越广。很多传统上的VC机构现在也介入PE业务，而许多传统上被认为专做PE业务的机构也参与VC项目。也就是说，PE与VC只是概念上的一个区分，在实际业务中两者的界限越来越模糊。

2.2.3 企业各阶段的估值策略

企业估值有三种方法：一是计算收益，二是计算企业资产，三是评估同类企业。企业估值不可能完全准确，未来收益折现得出的结果最接近企业真实的价值。

在现实生活中，创业公司的估值都是投资方提出的，大部分投资方觉得价格合理就会投资。但事实上，很多创业公司的估值都是投行经理随机想出来的数字，企业会围绕这个数字自圆其说。因此，从某种程度上来说，企业估值就是“一个愿打一个愿挨”。

下面，我们来看一个互联网社交项目的融资过程。

天使轮融资：公司创始人是一个连续创业者，所以企业创立之初就获得了天使轮融资。

A轮融资：1年后，企业月活50万人，单用户贡献0元，收入0元，获得A轮融资。

A+轮融资：获得A轮融资之后，企业用户增长迅猛，半年后，企业获得A+轮融资。在这个阶段，企业月活达到了500万人，单用户贡献1元，收入500万元。企业收入主要来源于广告变现。

B轮融资：A+轮融资后1年，公司获得B轮融资。在这个阶段，企业月活1500万人，单用户贡献5元，企业收入7500万元。因为企业找到了有效的流量变现方法，所以单用户贡献不断提升。

C轮融资：B轮融资完成1年后，公司获得了C轮融资。在这个阶段，企业月活3000万人，单用户贡献10元，企业的流量变现方式愈发多元化。企业收入3亿元，并且开始盈利。以20%的净利率计算，企业净利润6000万元。

IPO：C轮融资后，企业的收入、利率以30%~50%的速度增长，1年后上市。

这是一个典型的互联网企业的融资过程。该企业的创始人为连续创业者，每一轮都能获得投资，成立5年完成5轮融资后上市。那么，在每一轮融资过程中，企业估值是如何计算的呢？

我们将该企业的融资过程倒过来看：

IPO上市后，企业市盈率增长了50倍，股票投资价值下降，PEG（市盈率/增长）>1。如此看来，最好的投资时间点在私募阶段。

C轮融资阶段，不同的投资机构给出了不同的估值，有的是P/E（市盈率，股票价格/每股收益）的50倍，有的是P/S（市销率，总市值/销售额）的10倍，有的将单个月活算为100元，但无论哪种计算方式，企业的最终估值都是30亿元。因为每种估值算法都有自己的逻辑：例如，对一个拟上创业板的公司给出50倍市盈率的估值；对一家典型的互联网企业给出10倍市销率的估值；一名用户给出15~20美元的估值等。

B轮融资阶段，投资机构不同，给出的估值方法也不同，在企业估值方面，各投资机构出现了分歧：某投资机构按照P/E估值，给出了50倍的市盈率，但因为在此阶段企业的利润为0，所以企业的最终估值也为0。某投资机构按照P/S估值，给出了10倍的市销率，计算出来的企业估值为7.5亿元。某投资机构按照P/MAU（股票价格/月活跃用户人数）估值，每位月活用户估值100元，最终计算出来的企业估值为15亿元。

由此可见，估值方法不同，最终计算出来的结果也不同。在此阶段，P/E估值法失效，P/S估值法与P/MAU估值法虽然仍有效，但计算出来的企业估值相差一倍。

A轮融资阶段，P/E估值法、P/S估值法都失去了效用。如果按照每位用户估值100元计算，企业估值为5亿元。在这个阶段，很少有VC能看到企业的发展前景，大部分VC都有重重顾虑。最终企业在为数不多的投资机构中选择了一家按照P/MAU估值，坚信公司未来发展前景较好的VC，按照5亿元的估值接受了投资。

在天使轮融资阶段，公司刚刚成立，用户、收入、利润均为0，P/E、P/S、P/MAU都失去了效用。在这种情况下，企业的估值方法为：因为企业的创始人是连续创业者，所以投资机构给出了2000万元的投资，最终按20%的比例将企业估值计算为1亿元。

综上所述，在天使轮融资阶段，企业估值没有任何方法可用，是随机确定的一个数字；在A轮融资阶段，企业估值使用的是P/MAU法；在B轮融资阶段，企业估值使用的是P/MAU、P/S法；在C轮融资阶段，企业估值使用的是P/MAU、P/S、P/E法。上市几年后，待企业从新兴的互联网企业转变为传统企业之后，企业估值会使用P/B（市净率，每股股价/每股净资产）估值法。在现实生活中，大部分企业在融资过程中都是这样计算企业估值的。

2.2.4 互联网企业的估值方法

对于互联网企业来说，P/MAU覆盖范围最广，P/E覆盖范围最小。在这里，我们用“估值体系的阶数”表示覆盖范围。其中，P/MAU属于低阶估值体系，容忍度最高；P/E属于高阶估值体系，对企业提出的要求最高。

一般情况下，如果企业没有净利润，可以用销售收入来估值，没有销售收入可以用月活用户数来估值，最终目标还是流量能够转化为收入，收入转化为利润。

为什么有些公司会在B轮融资阶段或C轮融资阶段“死亡”呢？因为有些公司有规模庞大的用户流量，但流量无法变现。假设在B轮融资时，投资人按照P/S估值，企业估值为0，无法获得融资，自然就会“死亡”。而有的公司虽然收入可观，但迟迟无法盈利。假设在C轮融资时，投资人按照净利润估值，公司估值为0，无法获取融资，同样会“死亡”。

估值体系的使用范围会在不同的经济周期平移。在牛市，估值体系会后移，在这种情况下，迟迟没有获得净利润的公司会继续获得融资，而且投资方是传统的投资机构。因为在这个阶段，投资机构使用了P/S估值法对企业估值。在熊市，估值体系前移，在这种情况下，即便企业有规模庞大的用户，收入状况良好，也无法成功融资，只能合并重组以免被市场淘汰。因为在这个阶段，大部分投资机构都非常看重企业利润，不再使用低阶估值体系对企业进行估值。

二级市场的政策引导着投资机构的估值方法。一直以来，中国都缺少人民币VC，其原因在于，中国公众市场只认可P/E估值体系。创业板发行规则如下：

- 连续两年连续盈利，累计净利润不少于1000万元；
- 近1年的净利润不少于500万元，营业收入不少于5000万元。

只有满足这些条件企业才有可能上市，企业价值才有可能被二级市场认可。

对于企业来说，这个估值体系的要求太高。因为在这个估值体系下，即便企业用户规模很大，收入不菲，利润为0，企业估值就是0。这就是人民币PE很多、VC很少的主要原因。因为在政府的号召下，投资机构都选用了市盈率这个工具，否则就失去了退出渠道。但美股、港股都配备了P/S测试指标，企业达到一定规模就能上市。如果在企业上市后较长一段时间内还能按照P/S估值，企业顺利成长的机会大大增加，每轮估值也会变得更顺畅。

2.3 企业融资路演实战流程与攻略

2.3.1 投资人青睐怎样的创业者？

近年来，在政府的大力支持下，我国进入了“大众创业、万众创新”的时代，创业逐渐成为重要话题。而创业离不开资本的支持，创业者在筹集资金的过程中，应该站在投资人的角度考虑问题，了解投资人的关注点，采用恰当的方式说服投资人。

创业者想要吸引投资人，促使其对企业投资，就要将商业计划书呈现到投资人面前，向他们讲解公司要发展的项目，从投资人的角度考虑问题，明确投资人的关注点，而不是盲目推销。投资人关注的因素不止一种，具体包括企业的核心竞争力、财务状况、商业模式、未来的发展前景等。那么，在企业项目实施的过程中，投资关注度最高的是哪个因素？毫无疑问是“人”，也就是创业者本身。

◆第一：人

创业者是投资人关注度最高的因素。

创业者进行融资演讲的目的就是让投资人相信，如果他们投资这个项目，就能够从中获得更多利润，那么，创业者如何才能做到这一点呢?

为了打动投资人，创业者在演讲时要讲究技巧，不能过于直接，而要采用灵活的方式展示自己的优势。在融资演讲的过程中，创业者在这个环节拥有的时间并不多，只有15分钟左右。因为有研究显示人在接收信息的过程中，超过18分钟后注意力就开始变得分散，因此TED演讲通常都将时间控制在这个范围内。在融资路演的过程中，创业者需要在短时间内清晰表达项目特质，并依据重要性的不同对所需传达的信息进行排序，促使投资人做出决定。

◆第二：诚实

诚实是投资人比较注重的一个特质，只有具备这个特质的创业者及企业才有可能得到投资人的青睐。如果创业者投机取巧，在背后耍手段，则会引起投资人的反感，难以吸引其投资。所以诚实是创业者要重点表达的一项内容。

◆第三：激情

何为创业者？即全身心投入其中，开拓新的发展道路，实施、开展新的项目，并在这个过程中竭尽全力的人。因此，创业者要向投资人传达自己及团队的激情。只有创业者自己满怀激情，才有可能调动其他人参与的积极性，促使投资人做出决策。从这个角度来说，诚信与激情是两大非常重要的特质。在此基础上，创业者还要向投资人展现更丰富、更立体的企业形象。

◆第四：经验

创业者要向投资人表明自己之前从事过相关工作，拥有丰富的经验，并取得了一定的成就，在这个领域创造了价值。例如，有创业者在腾讯、阿里巴巴、百度等企业工作过，曾带领过某个项目，用一年的时间积累了上亿用户。这种信息能够吸引投资人的目光，向投资人表明自己并不是创业新手。就算此前的创业以失败告终，自己也从中汲取了经验和教训，在二次创业的过程中能够走得更远，大大提高创业成功的概率。成立公司只是其中的一种经验，相关经历也能够起到类似的作用，具体如在非营利机构带队开展活动、组织学校活动等，这些经验比单纯的夸夸其谈更有价值。

◆第五：知识

对创业者而言，具备专业知识十分有必要。换句话说，除了拥有优秀的创业灵感之外，创业者还要充分了解相关知识，保证自己的团队中有专业人才，与此同时，要对市场环境及其变化趋势做出充分把握，了解竞争对手的发展进度等，如此一来才有可能说服投资人，使其认可自己的项目并予以投资支持。

◆第六：市场

创业者要符合投资方的期待，就要对自身所在的行业、市场环境进行把握，掌握企业运营所需的各项能力，具体如专业知识、专业技能。科技类企业的创业者还要掌握管理、市场营销方面的知识及专业技能。但所谓“尺有所短、寸有所长”，现实中掌握企业运营所需的所有能力的人并不多，所以要发挥团队的作用，让团队成员相互配合，共同做好企业运营。

◆第七：领导力

想要打动投资人，创业者及其团队要擅长进行企业运营。创业者要形成自己的管理风格，拥有引人注目的人格魅力。只有具备足够的领导力，创业者才能吸引更多优秀人才加入，进而赢得投资人青睐。

◆第八：坚持

坚持不懈是投资人看重的一项品质。创业者要向投资人表明，自己无论如何都会坚持到底，会持续不断地拓展市场，壮大企业实力，为投资人争取更多利益。所有的事情都不是一帆风顺的，创业更是如此。如果创业者遇到困难就轻易退缩，很难赢得投资人青睐。因此，创业者要向投资人保证，自己已经准备好克服创业过程中出现的种种难题。如果创业者凭借自己的资金实力在初期取得了一定的成就，则更容易获得投资人的认可。

◆第九：视野

创业者还要拥有广阔的视野，明确公司未来的发展方向。如果企业推向市场的产品与其他竞争对手之间没有明显差别，很难吸引投资方注意。产品只有足够独特、新颖，甚至能够引领世界新风向，才能牢牢吸引投资人的目光。除此之外，创业者还要脚踏实地制定科学、合理的计划，明确未来发展过程中需要解决的问题，并为解决这些问题做好准备。

◆第十：聆听

创业者要明白，投资人手中不仅握有自己所需的资本，还有丰富的商业经验，要懂得聆听，擅于汲取经验，并展现自己在这方面的特质。很多天使投资人都拥有丰富的创业经验，他们更倾向于选择那些能够聆听自己、接受自己指导的创业者。如果创业者一意孤行，忽略投资人的意见，就很难得到投资人的青睐。

2.3.2 融资路演的流程与步骤

演讲开始时要尽量使用精简的标题，避免内容过于冗长。例如，在面向投资人时，创业者无须强调演讲的时间、地点，因为这些信息投资人已经有所了解。创业者应该在投影的影片中展示公司的logo，便于投资人识记。除此之外，创业者要充分展现自己，吸引投资人注意。

创业者要对企业的情况进行概括，精简性在这个环节非常重要。创业者可以这样介绍自己：苹果手机的某部件由我们公司制造；我们为BAT提供某项数据服务。通过简短的介绍让投资人了解公司的基本概况，并对演讲主题有大体的把握，做到心中有数。在此基础上，投资人才能将创业者前后的发言内容结合起来。接下来，创业者要将团队成员的相关情况介绍给投资人，例如，团队成员拥有BAT的工作经历、专业经验丰富，更容易吸引投资人的注意力。

如果创业者本身拥有相关从业经验，也更容易得到投资人的认可。接下来，创业者要介绍市场情况，向投资人讲解未来的市场发展前景，并进行简短的产品介绍。这个环节需要注意的是，产品介绍固然重要，但融资路演与产品推销演讲不同，无须对产品进行深度解剖，只需让投资人明白企业在做什么产品即可。如果企业运营的产品是网站，可以将网站截图放在投影的影片里，但要避免在现场进行操作演示。这个环节的重点是将产品对消费者的吸引点展示给投资人。

在介绍完产品之后，创业者还要将企业的盈利模式展现给投资人。在这个环节，创业者应该从单件产品，或者从企业销售的实际产品出发，对自身的商业模式进行解读，让投资人了解自己的目标用户，即企业锁定的客户群体，并向投资人说明自己当前拥有哪些人脉资源能够促进企业发展。

例如，有的企业已经拥有稳定的生产合作伙伴，或者开发了一定的渠道。另外，企业进入市场之后必然要面临竞争，所有公司都是如此。所以，创业者要将公司面临的竞争情况展示给投资人，让他们知道公司当前面临哪些企业的竞争，便于投资人评估企业的运作模式是否能够适用于市场开拓。另外，创业者还要将企业的竞争优势表现出来，了解竞争对手的发展进度，向投资人展示企业如何参与竞争，应对市场挑战。

介绍公司的财务状况十分有必要，这是创业者得以集资的前提。投资人想要了解公司创立以来的运营状态，以及未来三到五年公司的大体走势及发展规划，和与之相关的财务状况。

创业者要向投资人展示产品的商业模型，以及向公司模型过渡的方式；要表现企业的产品销售能力，并将单个商品的利润空间展示给投资人。企业的盈利驱动力也是投资人关注的重点，即企业如何持续提高其盈利能力。在明确了企业未来的发展前景之后，投资人还想了解企业的资金利用计划，即企业打算怎样实现自己的发展目标，是发力于产品制造、产品销售还是其他环节。

接下来就是集资。创业者要表明企业所需的资金额度，即融资目标，同时要对公司进行合理估值。另外，创业者要将现有的投资情况传达给投资人，创业者自己也应当参与到投资中，这样才能调动投资人追随的积极性。此外，公司是否已经得到了天使投资人的支持，创业者是否得到了朋友、家人的资金支持，以及公司现有投资人有谁等，这些情况都要表述清楚。企业当下的资产结构也是重点讲述对象，在了解了这些信息之后，投资人就对公司有了更全面、深入的了解。

在最后总结的过程中，创业者要进一步调动投资人的情绪，让投资人产生情感共鸣，高度认可创业者的想法。只有当投资人对创业者的观点表示赞同时，才有可能做出投资决定。在这个环节，创业者要再一次向投资人展示企业商标，并重新将投资人的注意力转移到自己身上，通过对演讲内容进行合理、高效的总结，给投资人制造惊喜，最终促成双方的合作。

2.3.3 打动投资人的路演攻略

在融资演讲的过程中，如果创业者表达的观点自相矛盾，也会影响投资人的决策。例如，同一种产品在同一时间段内的销售额，创业者两次提到的数据相差太大，会让投资人怀疑数据的真实性。此外，创业者要提高演讲质量，避免出现低级错误，尽量做到完美。如果演讲过程漏洞百出，就会让投资人对创业者的能力提出质疑，要知道，运营企业远远比演讲更复杂。

创业者要想保证自己的演讲符合逻辑，就要做好前期的准备工作，熟练掌握PPT的使用技巧，对演讲思路进行梳理，思考如何展现自身的优势，如何获得投资人的关注与认可，以及怎样将项目的可行性传达给投资人。

在路演过程中，创业者既要保持内容的简洁性，又要将重要信息完整地传达出来，且传达方式不能过于直接，而是应该让投资人潜移默化地感知到这些信息。创业者登上讲台后，面对的是对自己完全陌生的投资人。在演讲过程中，创业者要发挥自己的能力调动听众的情绪，这在融资路演中是非常重要的一点。随着演讲的进行，投资人的情绪会发生变化，而这种变化会影响他们的信息接收能力，也会对其最终决策产生影响。

登上讲台后，创业者首先要做的就是迅速提高自身演讲内容对投资人的吸引力，以整个演讲时间为参考，创业者通常需要在10到30秒之内做到这一点。在演讲开始阶段，创业者可以表明企业及产品目前已经吸引了部分投资人的注意，或者明确表示自己的产品能够弥补当下产品存在的不足等。此外，创业者也可以分享自己的经历，讲述自己的创业故事等，在短时间内调动投资人的兴趣，吸引他们的注意力。

接下来，创业者要持续调动投资人的情绪，让投资人产生越来越深的感触，充分打动投资人，促使投资人立即做出投资决定，为创业者的项目提供资金支持。而要达到这个目的，融资路演的内容就需要涵盖以下几个方面。

◆公司有合理的发展

在演讲过程中，创业者要以合理的递进方式向投资人传达信息，否则很容易出现信息脱节情况，使投资人感到困惑。具体来看，创业者首先要向投资人讲述市场情况，以及创业原因，要用条理清晰的方式表明自己会采取哪些措施，付出怎样的行动，执行怎样的方案，只有这样才能让投资人认可自己的计划。与此同时，创业者还要注重与外界的联系，如在演讲内容中添加投资人了解的企业，或者自身企业的关键要素，借此吸引投资人的注意力。在这种情况下，投资人可能会进行语言验证，确认创业者所言非虚。

◆外界的佐证

具体包括产品的销售业绩、公司获得的荣誉，其他企业类似项目的进展，或产品测试获得了不错的反馈。投资人会对这些信息的真伪进行辨别，目的是通过外界的证明，得知创业者的演讲内容符合事实。

◆向投资人展现可信的前景

这部分内容包含两个要素：前景与可信性。创业者要将企业未来的发展趋势传达给投资人，让投资人相信自己的投资会带来更多利润。与此同时，创业者还要保证前景的可信性。如果创业者描述的前景不可信，不仅难以说服投资人，还会起到反作用，让投资人觉得自己只会夸夸其谈。上文提到，调动投资人的情绪非常重要，但投资人的情绪容易受到外界因素的影响而下降，为了避免这种情况出现，创业者要保证传达信息的真实性。为此，创业者要谨慎选择语性。

例如，如果创业者妄称自己的产品没有竞争者，但投资人恰恰在此之前接触过类似产品，就会对演讲内容的真实性产生怀疑，并降低做出投资决策的可能性。此外，在演讲过程中，创业者还要用通俗直白的语言降低投资人的理解难度，在调动投资人情绪的同时注意自己的态度，避免产生高高在上的感觉。

在演讲过程中，创业者应该使用高效的工具控制演讲时间及演讲进度，让整个演讲过程按计划推进。此外，创业者要注重演讲技巧的使用，注重情感表达，在演讲过程中与投资人保持良好的互动，避免始终盯着屏幕。创业者要明白，投资人的关注重点并非屏幕而是演讲者本人，屏幕只是为了补充所讲述的信息。所以，创业者要在充分了解内容的基础上，以更加生动、有效的方式进行信息传达。

2.3.4 融资路演中的沟通策略

从总体来看，融资路演的内容可以划分为两部分：第一，向投资人传达融资目的，无论投资人是否对产品有兴趣，是否有投资意愿；第二，专门为对企业、项目有兴趣之人准备的内容。

其实，大部分创业企业都有很好的创意，只是没有采用合适的推介方法，导致融资效果不佳。据某知名的风险投资人介绍，有些创业者在阐述自己的项目时会忘记介绍该项目可以解决的问题，甚至会忘记阐述企业的价值主张，这些都会导致创业者无法成功拿到投资。为了避免这种情况发生，创业者在进行融资路演、向投资人推介自己的项目时要注意以下几点。

◆不要说“更好”

“更好”是一个比较宽泛的概念，说服力较弱。创业者在介绍自己的项目时要尽量避免出现这个词汇，可以将重点放在“如何降低产品成本与售价”“如何降低风险”等方面。“成本”“售价”“风险”都是有形的概念，比较容易评估，投资人需要的就是这些事实。如果推介的项目早已做过，创业者就必须在推介的时候阐明项目的关键变化，这个变化必须显著，变化方向必须好。如果推介的项目或产品与他人雷同，没有特异性，就很难说服投资人投资，融资极有可能失败。

例如，过去某段时间，专注于线上保险比价的搜索引擎大获成功，给投资机构带来了不错的投资回报率。在互联网时代，用户从线上购买保险已是常事，但要想获得不同公司的报价还需要花费大量时间研究，从网上搜索、查找信息。如果有一个工具能帮用户搜索、查找信息，对信息做出科学对比，帮用户节省时间，降低风险，就一定能迅速吸引用户注意，积累大量使用者。所以，创业公司在明确自己的定位时，不是开发“更好”的产品，而是要赋予产品差异化特性，阐明产品独特的发展方向。

◆不要太独特

当然，产品的独特性、差异性要有一个“度”，以免让投资人产生风险太大、需要谨慎投资的认知。所以，创业者在向投资人推介自己的项目时不要出现“能颠覆行业”这类语句，不要夸大其词，以免适得其反。投资人可以将阐述重点放在“如何让产品的独特性与市场现状保持平衡”“如何将产品通过现有的销售渠道进行销售”等方面，以证明自己的产品可以适应目前的市场，可以被用户接受、使用。

◆如何对获得的资金进行分配

资金分配方案要尽可能具体、详细，为项目创意添彩。要做到这一点，企业需要一个详细的财务模式，至少要对未来三年的发展路径做出科学规划，要对企业的运营成本、收入增长、利润、潜在利润做出充分考虑。并且，企业要对不同部门的资金使用策略做出全面规划，最好细化到每个项目的资金使用。如果企业制定了一个可行性高的可预知投资回报率的营销策略，需要向投资人做详细阐述。

在向投资人阐述资金分配方案时，创业者要具体阐述“资金花费速度”“要取得的成就”“确定资金分配顺序的原因”等。除此之外，在潜在投资人对企业进行评估时，如果企业有准确的财务预测，就可以很好地规避一些风险。企业能规避的风险越多，融资成功的可能性就越大。

◆准备如何建设团队

所有好的想法、创意最终都要执行下去，执行效果关乎企业成败。项目成功落地、企业稳定发展离不开有能力、肯努力的员工队伍。所以，在融资路演的过程中，企业要专门介绍自己的团队，将团队的优点、特长详细告知投资人。在实际投资过程中，“B级创意A级团队”最能吸引投资人，“A级创意B级团队”次之。因为在项目执行的过程中总会出现各种意外，这些意外的应对需要一支专业的团队。

所以，创业者要向投资人具体介绍自己的团队，包括董事会成员及其各自的特长，团队成员数量等。在项目执行的过程中，很少有人单独工作，大多数人会形成一个整体以团队的形式开展工作。每家企业都有竞争对手，这一点投资人非常清楚。一般来讲，如果创业企业有一支强大的创业队伍，就能很好地应对竞争，创造出更好的产品与品牌，在市场竞争中取胜。为此，创业者要将自己的团队全面展示出来。

如果企业还没有形成这样一支强大的团队，创业者可以向投资人表示获取资金之后会采取何种招聘策略聘请何种人才，构建一支什么样的团队，以获得投资人的支持与理解。

◆推介时间可能减少一半，做好应变准备

在推介的过程中，投资人可能临时对推介时间进行调整，将时间缩短一半或者更多的情况。在这种情况下，创业者要及时调整自己的推介方案。很多时候，投资人还想看创业者的临场发挥，以判断创业者的应变能力，观察创业者是否为这场推介做了充分准备。

一般来说，融资路演由两部分构成，一是主路演，二是附路演。在主路演过程中，创业者要展示PPT，讲述自己的创业故事，阐述自己的创业指标、发展愿景、团队成员。在附路演过程中，创业者要展示一些配套的PPT。

以合理的方式串联这些元素非常困难，难点在于有些要故意设计，因为投资人不会让创业者轻易获得资金。要想让投资人肯定自己的创意，创业者必须将自己有特色的内容进行推介，这个过程需要PPT辅助。一般来讲，在融资路演的过程中，创业者要播放30~60张PPT，时间要控制在1个小时以内。如果投资人临时缩短了时间，创业者就要根据具体的时间有选择地播放PPT，进行阐述。

◆谈一些痛点，阐述解决方案

对成功的融资路演进行观察可以发现一个规律：创业者会在路演开始时讲述一个故事，然后会介绍行业痛点，阐述自己的解决方案，最终展示公司的发展愿景。在整个过程中，创业者要保证自己提及的产品可以解决行业痛点。除此之外，创业者还可以讲述自己发现行业痛点的过程，立志解决行业痛点的缘由，自己的解决方案对比同类解决方案的优点等。这些内容都可以为自己的路演加分。

◆多经历，会让你的路演越来越好

第一次路演结束后要留出一段时间解决投资人的疑惑，帮潜在投资人对企业具体的业务指标、竞争优势做出更深入的了解。创业者要将投资人提出的问题逐一记录下来，在下次路演时予以解答。

如果创业者在每次融资路演时都能做到以上七点，经过三四次路演实践，创业者会发现自己的路演水平有了很大的提升，在路演过程中出现的问题越来越少，而且在路演结束后得到的积极反馈越来越多。

2.4 企业尽职调查操作流程与方法

2.4.1 企业基本情况调查

初创企业启动融资之后，为了更好地配合投资机构的尽职调查，提高资本对接效率，一般会对战略发展、资本规划、股权结构、内部治理、财务合规等事宜做出初步规范。尽职调查开始之后，投资机构会组织尽职调查小组入驻企业，对企业的财务、法务、业务、创始人、合伙人等开展全面、系统的调研。一般情况下，对融资企业业务、团队、创始人与合伙人的调查主要由尽职调查小组的组长负责，其他事项的调查可以外包给第三方机构。如果投资机构的综合实力比较强，会组建尽职调查小组包办所有调查事宜。

投资机构通过尽职调查可以全面了解融资企业，发现融资企业的优缺点。同时，融资企业通过与尽职调查人员交涉，也会了解投资机构的尽职调查方式、沟通形式、对本企业的认同度等。因此，融资企业要抓住这个机会，系统了解未来可能建立合作关系的投资机构的风格与偏好。当然，融资企业也可以借这个机会，对投资机构已经完成投资的项目进行深入了解。如果说在拿到投资意向书阶段，融资企业与投资企业还处于客气寒暄的状态，那么进入尽职调查阶段之后，融资企业与投资企业就可以划入同一阵营，彼此之间应该增进了解，及时发现各种问题。

如果在尽职调查阶段，投资机构产生了较强的投资意愿，或者存在外部竞争者，一般会采取边开展尽职调查边谈判的方式，发现融资企业存在的问题，逐步瓦解融资企业的高估值。随着尽职调查结束，投资协议的关键条款也基本确定下来。但也有些投资机构会在尽职调查结束之后再商定投资协议。

尽职调查关系着企业能否顺利获得投资、企业估值是否准确、项目运作是否顺利，所以，企业必须保证自己提供的所有资料准确、可靠。同时，企业尽职调查涉及内容颇多，属于企业最高级别的调查，要求参与人员能尽到保密义务。

企业基本情况尽职调查的内容，如表2–6所示。

表 2–6 企业基本情况尽职调查

基本情况	尽职调查
成立背景	（1）公司提供发起人协议、股东协议、批准证书、政府批文，如果这些文件曾做过修改，也请公司提供相关的修改文件。请公司提供股东背景及相关情况； （2）公司提供成立时的验资报告、出资证明、资产评估证明、产权登记证，其中，验资报告包括每一次公司注册资本变更后的验资报告，如果公司产权发生变更，公司还要提交工商变更登记证明； （3）公司提供公司章程，如果是合资企业或者合营企业，企业还要提供相关协议或合同； （4）公司提供营业执照，包括正本与副本
公司简介	（1）公司提供正式的介绍资料，包括经营宗旨、企业愿景、企业发展战略、规划、构想等； （2）公司提供发展沿革资料与相关证明
部门设置	（1）公司说明部门设置情况及人力资源配置现状； （2）公司对主要业务部门的职责、核心业务、经营目标进行详细阐述
公司管理	（1）公司提供组织架构图； （2）公司提供股东会、董事会成员的背景资料，包括股东出资情况、股份占有情况、股东或董事的简历等； （3）公司提供核心管理人员的背景资料，包括个人简历、经营业绩等； （4）公司说明现有的外部支持，主要是外部顾问的聘请情况，如法律顾问、投资顾问、财务顾问等

2.4.2 产品市场情况调查

企业产品市场情况的尽职调查主要涵盖的内容，如表2–7所示。

表 2–7　企业产品市场尽职调查

产品市场	尽职调查
产品或服务	（1）公司提供现有产品或服务的介绍资料，包括产品名称、适用群体、功能、使用方法、价格等，对于核心产品与服务，企业要对其优势、特点、经营业绩做出具体说明； （2）公司提供正在开发的产品或服务的介绍资料及开发时间计划表； （3）公司对目前的知识产权情况做出详细说明，如果企业有知识产权，请出具相关证明，做出具体说明； （4）公司提供无形资产的相关资料，这里说的无形资产包括商标、专利、知识产权等
市场分析	（1）公司对产品或服务所属行业及相关的国家政策做出具体说明，无论政策是限制还是鼓励，请公司提供相关的文件或资料进行说明； （2）公司对产品或服务的市场规模、市场结构做出具体说明，如引用资料，要注明资料出处或来源； （3）公司说明目标市场设定依据及方法； （4）公司说明对产品或服务的经营情况产生影响的主要因素，如消费群体、消费方式、消费习惯等； （5）公司说明目前产品所处的发展阶段、市场占有率、品牌状况、品牌在同品类品牌中的排名情况等，并注明相关数据及信息来源； （6）公司对产品或服务的市场发展趋势进行预测
竞争分析	（1）公司说明所在行业是否存在垄断性竞争； （2）公司对竞争企业在产品或服务所在细分市场所占市场份额做出详细说明； （3）公司对竞争对手的具体情况做具体说明，结果要以表格的形式呈现，要涵盖公司实力，产品或服务的种类、价格、特点、营销情况、市场占有率等多项内容； （4）公司对潜在竞争者的情况做具体说明，对市场变化做全面分析； （5）公司对产品竞争优势做具体说明，内容包括规模、人才、商业模式、成本、管理等
市场营销	（1）公司提供现行的销售政策，并从销售渠道、销售环节、销售方式、售后服务等方面切入，对公司的营销模式做详细阐述； （2）公司对最重要的5名客户的情况做详细阐述，内容包括客户名称、地区、合作时间、本期累计金额、在销售总额中的占比、公司对这些客户采取的特殊政策（折扣、套餐服务等），最终结果要以表格的形式呈现出来； （3）公司提供市场促销与市场渗透方案及预算，主要是市场促销方式与策略； （4）公司提供产品价格方案，内容主要包括定价依据、价格结构、影响价格变化的因素、应对价格变化的策略； （5）公司对销售资料统计、销售记录、销售周期计算做具体说明； （6）公司对市场开发规划、近期与中期的销售目标、3~5年的销售预估情况、市场占有率及计算方式做具体说明

2.4.3　企业经营状况调查

企业经营情况的尽职调查主要涵盖的内容，如表2–8所示。

表 2-8　企业经营状况尽职调查

经营状况	尽职调查
销售收入	主要包括销售收入的构成及增减原因
销售毛利	主要包括销售成本的构成、各细分项目的毛利、销售毛利增减原因
经营管理费用	主要包括构成经营管理费用的项目及所占比例，固定项目的金额与相关协议，费用增减原因
公司投资收益	主要包括长期投资收益与短期投资收益
其他非经常性项目及异常项目	主要包括补贴收入、营业外的收入与支出、非经常性项目及异常项目的成因及净利润占比
税负情况	主要包括公司的主要税负与税率，享受的税收优惠政策并提供相关文件，近三年的缴税证明，是否曾因违反相关规定遭到处罚

2.4.4　财务状况尽职调查

◆企业财务会计制度

企业对目前执行的会计核算制度、内部控制制度及未来三年执行的会计政策做出具体说明，具体内容如表2-9所示。

表 2-9　企业会计制度主要内容

会计制度	具体内容
坏账	企业对坏账损失的核算方法、确认标准、坏账准备的计提方法和比例做出详细说明
存货核算	企业对存货范围、计价方法、存货跌价准备的计提方法做出详细说明
短期投资	企业对短期投资的计价方法和投资跌价损失准备计提做出详细说明
长期投资	企业对长期股权投资计价方法、长期投资减值准备的核算方法、长期债权投资计价做出详细说明
固定资产及折旧	企业对固定资产的范围、计价方法、折旧方法做详细说明
无形资产	企业对无形资产的计价方法、摊销方法、减值准备做详细说明
开办费	企业对开办费、长期待摊费用摊销做详细说明
收入确认	企业对收入确认标准、提前确认或虚计收入等情况做具体说明
会计政策	企业对上述会计政策的变更情况及变更内容做具体说明

◆主要财务状况

企业提供历年的审计报告，至少是近两年的审计报告，并对当前的资产负债情况做具体分析，具体如表2–10所示。

表 2–10　企业主要财务状况尽职调查

序号	尽职调查
1	对公司目前的货币资金情况做具体说明
2	对公司目前应收账款做具体分析，包括相关的收款政策、应收账款明细表、应收账款账龄等
3	说明公司短期投资及长期投资计划，包括短期投资明细资料、长期投资基本情况
4	提供与公司固定资产相关的资料，包括固定资产清单、大额固定资产的权属证明文件、固定资产原值取得发票及入账依据、固定资产折旧政策与抵押情况等
5	提供无形资产明细表并做具体说明。如土地使用权取得时间、付出的代价、使用年限；商标使用权的注册文件、授权使用协议、使用年限；专利使用权的专利证书、有效年限；其他知识产权的证明文件
6	对公司其他资产情况做具体说明
7	对公司资产的投保情况做具体说明
8	对公司银行借款情况做具体说明，包括银行借款统计表、银行借款合同及抵押担保合同、逾期借款处理及诉讼情况等
9	对公司其他负债情况做具体说明

2.4.5　投资风险尽职调查

企业投资风险尽职调查主要涵盖的内容，如表2–11所示。

表 2–11　企业投资风险尽职调查

投资风险	尽职调查
投资说明	（1）公司对资金需求、资金使用计划与使用进度、需要的投资形式做具体说明，其中，投资形式主要包括贷款、利率、利率支付条件、普通股、优先股、认股权及对应的价格等； （2）公司对目前的资本结构做出详细说明； （3）公司对投资回报或偿还计划做出详细说明； （4）公司对原负债结构做出详细说明，其内容包括每笔债务产生时间、产生条件、抵押情况、利息情况等； （5）公司对投资抵押情况做出详细说明，如果有投资抵押，公司就要提供抵押品价值证明及定价依据； （6）公司对投资担保做出详细说明，如果有投资担保，公司就要提供担保者财务报告； （7）公司对融资后的股权结构做出详细说明； （8）公司对愿意为获取资金付出的股权成本做详细说明； （9）公司对希望投资者、投资人介入公司管理的程度做详细说明

续表

投资风险	尽职调查
风险分析	公司从资源风险、市场不确定风险、项目开发风险、竞争风险、政策风险、财务风险、管理风险、破产风险八个方面进行风险分析
公司治理	（1）公司对目前的治理情况做详细说明； （2）公司提供内部管理制度、劳动合同、人事计划、现行的薪资方案与福利方案、公司股权分配与认购计划
其他问题	在其他方面，尽职调查要对环保问题、企业正在履行的重大合同、已经发生或者正在进行的重大诉讼、行业竞争情况予以特别关注。在尽职调查的过程中，调查人员要持续发现内容，及时对内容进行整理、更新，采用各种手段对调查细节进行完善，不断答疑解惑，发现亮点，进行定性分析。同时，调查人员要注意和财务人员进行数据匹配，做好定量分析。最后，调查人员要根据调查结果，结合自己的判断形成核心观点，将其在申报材料中体现出来

2.5 企业融资谈判实战策略与要点

2.5.1 股权融资的关键节点

随着产品更新速度越来越快，新模式、新物种层出不穷，人们的生活方式也开始快速变化，对注重迭代更新与客户体验的产品热烈追捧，随之而来的就是资本在这些领域的积极布局。在消费者与投资机构的双重作用下，短短几个月就可以打造一家独角兽企业。

如果将创业行为归结为不同的模式，那么过去的创业活动主要以模仿创新模式、滚动发展模式为主，近几年逐渐发展为政策、资本、科技三重融合的创业模式。在初创阶段，创业企业一般会进行科技创新，打造一些新产品、新模式、新物种，利用政策优势，寻求资本支持，快速抢占客户市场，颠覆所在行业原有的市场格局。

在滚动发展模式下，创业企业即便不融资，也能凭借自己的力量慢慢成长。但随着经济环境不断变化，创业模式迭代升级，很多从激烈的市场竞争中脱颖而出的大企业本该享受胜利的果实，却落后于时代发展，如诺基亚、索尼、大润发等。从某种程度上说，目前的创业市场就是以资本为主导的市场，资本投向哪个领域，哪个领域就会迅速改天换地，呈现出新的发展格局。

在“大众创业、万众创新”的时代背景下，参照各个投资机构打造的独角兽样板，创业企业在创立之初就选择了一条与以往不同的创业模式。一方面，这些企业聚焦产品创新，打磨优质产品，对接消费市场；另一方面，这些企业积极对接投资机构，寻求资本支持。创业企业对接投资机构的途径有很多，如熟人引荐、财务顾问、路演、媒体、创投主动挖掘等。与投资机构的负责人接触之后，下一步就是提高融资的成功率，这一点考验的就是企业的素质与谈判能力。

为了保证融资成功，融资企业必须科学选择谈判时机，把握交易节奏，了解对手的谈判风格，提前商定进退尺度，掌握一定的融资谈判策略。要知道，“谈判就是妥协的艺术”，下面对股权融资谈判策略进行详细探究。

一般来说，股权融资的最佳时间为每年的3—11月。在这个时间段内，投资机构的投前部门、投后部门几乎会全员出动，在市场上搜寻优质的项目。进入12月之后，投资机构的高管人员会陆续离开一线市场，穿梭于各大论坛、年会、峰会等。在这段时间，投资机构的管理者需要将近一年投资的项目、在管项目、退出项目向基金投资人汇报，如果涉及政府基金，还要配合政府部门的工作。因此，在这个时间段，投资机构会放慢投资节奏，对于需要融资的企业来说不是最佳的谈判时机。

实践证明，企业进行融资谈判有三个比较好的时点：第一，商业模式取得了成功，并且有数据可以证明，未来发展空间较大；第二，成为行业头部企业，处于跑马圈地或者潜行发展阶段，有望成为一匹“黑马”；第三，距上市只有一步之遥。

为了成功融资，企业要力争上游，努力成为所处行业的头部企业，对企业价值进行科学评估。如果企业处在行业的中下游，对自身估值又过高，很难完成融资，即便能完成第一阶段的融资，也很容易造成后续没有投资机构跟进的情况，逐渐被资本市场遗忘。

2.5.2　了解融资的谈判对象

投资人最擅长的就是拒绝别人。因此，企业融资负责人在与投资人交流时必须了解他们的沟通语言，对投资机构进行分类。

◆不同出身背景的创投人风格迥异

目前，整个创投圈的风险投资人可以分为四大类，具体如表2-12所示。

表 2-12　风险投资人的四大类型

主要类型	具体分析
投行派	这类风险投资人出身投资银行，跨界进行股权投资，呈现出非常明显的资本运营与政策导向的特点，有纵横捭阖之势。根据其有无海外经历，可以细分为两大类，一类是欧美派，一类是本土派
咨询派	这类风险投资人出身于中介服务机构，曾从事会计、律师、财务顾问（投融资方向）、咨询人士、媒体人等行业，跨行进行股权投资，对行业了解比较深入
企业派	这类风险投资人的前身大多是优秀的企业家，他们不仅可以从产业的角度理解投资，还可以从投资的角度理解产业，带有浓厚的产业情怀，投资之后往往会参与到被投资企业的经营管理之中
网红派	这类风险投资人大多是早期投资、股权众筹等领域的新人，通过打造个人IP形成个人品牌，从天使投资人逐渐转向早期投资机构从业者，采取类VC化运作，或者个人投资，带有一些书生气或者江湖气息

这四类风险投资人各有各的特点，即便是同一类风险投资人，因为背景不同，谈判风格也不同，有的喜欢拖延，有的非常严谨，有的追求规则，有些喜欢砍价等。融资企业在与风险投资人谈判之前，要了解对方的谈判风格，知己知彼百战不殆。

◆不同类型的资本谈判空间不同

（1）种子期的天使投资。

天使投资机构决定是否投资某一家企业，主要取决于投资人对企业创始人的了解程度。一般来说，天使投资对企业的估值较低，以启动项目的资金额度为限，按照注册资本投入。在融资谈判的过程中，融资企业处于被动地位，话语权比较小。

（2）早期投资机构。

早期投资机构评判投资项目的标准与风险投资相差无几，只是投资协议比较简单，很少设置对赌条款，在对企业估值时有一定的溢价空间，企业在谈判过程中的话语权比较小。

（3）VC投资机构。

风险投资机构会拟定标准的投资协议，在谈判时会逐条商谈谈判事项，突出重点，在对公司估值时会打开溢价空间，融资谈判的空间弹性较大。

（4）PE投资机构。

私募股权投资机构投资的企业已经发展得比较成熟，距离上市只有一步之遥，他们会制定标准的投资协议，按照二级市场的估值逻辑对企业进行估值。在谈判过程中，融资企业掌握着较大的主动权。

（5）产业资本或并购基金。

侧重产业协同、并表价值、再造价值，会制定严谨的投资协议，根据企业的净资产进行估值。在谈判过程中，融资企业很难掌握主动权。

◆不同决策机制的关键节点不同

个人投资看似决策速度很快，其实效率很慢，因为他们要与企业创始人在各个方面产生交集，包括工作、生活、事业等，增进对企业创始人的了解，这个过程需要很长时间。

投资机构的投资决策会严格按流程进行，会经历很多环节，包括项目搜寻、初步尽调、内部立项（立项会）、尽职调查、投委会等。投资机构中与企业对接的第一负责人会对企业负责到底。

政府引导基金在决策时也会遵循投资机构的决策流程，但如果涉及大型政府工程或立项时，可能会先决策再补足流程。同时，如果企业前期引入了政府引导基金，要制定完善的信息汇报机制，迎合企业的议事流程与规则。相较于市场化的投资机构来说，政府引导基金的决策效率比较低。

2.5.3　融资过程的谈判策略

投资机构的身份具有双重性，既是投资项目的买家，也是后续融资时的卖家。但无论如何，对于需要融资的企业来说，增强与投资机构的沟通判读能力是一门必修课。虽然大部分企业创始人都非常擅长进行业务谈判，但业务谈判与融资谈判不同，二者对企业发展的影响也不同。

一家企业在发展过程中可能要经历无数次业务谈判，但只会经历为数不多的几次融资谈判。谈判成功，企业获得资本支持，进入全新的发展阶段；谈判失败，企业融资失败，要么维持现状，要么被其他企业超越。而对于投资机构来说，他们最擅长的就是融资谈判。因此，在融资谈判的过程中，投融资双方可能出现一些分歧或摩擦，相互抱怨，反目成仇，导致投融资失败。

为了防止上述问题发生，企业要改变沟通谈判理念，摒弃业务谈判思维与模式。很多企业在与资本对接之初感觉比较顺畅，进入谈判环节之后就会出现很多分歧，这种情况发生的主要原因在于企业的谈判技巧使用错误。在业务谈判中，产品买卖大多是等价交换。但在金融谈判中，股权交易大多是溢价交换。这样一来，在股权融资谈判中，企业负责人使用心理战术、迂回战术、竞价战术、时间战术等业务谈判技巧，自然不会取得预期的效果。

毕竟对于需要融资的企业来说，融资成功与否直接关系着企业的生死存亡。但对于投资机构来说，优质的投资项目有很多，他们可以任意选择。因此，很多商务谈判技巧在融资谈判中都是无效的。当然，如果企业发展势头强劲，距离IPO上市只有一步之遥，在融资谈判中就会占据绝对优势，根本无须费尽心思地思考谈判技巧，只需等待投资机构上门即可。

◆对接准确，有的放矢

企业创始人第一次接触投资机构都会坐立不安、战战兢兢，面对投资机构安排的尽职调查往往会采取四面开花的谈判策略，效果却不尽如人意。因为很多投资机构会将尽职调查委托给第三方机构执行，由投资机构的项目负责人统筹协调。因此，融资企业要做好与这名负责人的沟通，而不是与尽职调查人员进行过多交涉。

另外，在融资谈判的过程中，一些企业创始人采取业务谈判方法，越过中间层直接与决策人对接。如果是政府引导基金，因为采取的是自上而下的决策机制，所以企业可以采取自上而下的谈判策略。但如果是民营性质的风险投资机构，这种自上而下的谈判策略就无法奏效了。

因为这些风险投资机构的立项会、投资决策会议一般由融资项目的直接负责人主导，需要项目负责人或投资总监捆绑背书，也就是要求融资项目的第一负责人捆绑入股。这样一来，融资企业想要说服风险投资机构投资，必须先获取项目第一负责人的信任。

◆做足准备，兵将对垒

在融资之前，企业要成立专门的融资小组，组长由企业创始人担任，成员由财务负责人、业务负责人、外部投融资顾问、律师等构成。融资小组一方面要配合投资机构的尽职调查，另一方面要作为代表参与融资谈判。一般来说，企业会委派财务顾问或具有证券行业经验的律师担任一线谈判代表。

在谈判前期，企业创始人要遵循“兵对兵、将对将”的原则，任命熟悉投融资的财务顾问或者内部融资负责人担任一线谈判代表，与投资机构的负责人斡旋。在谈判发展到一定阶段，各个事项基本商定后，创始人再登场决策。

2.5.4　控制融资谈判的节奏

很多初创企业的创始人没有融资谈判经验，往往在谈判之前向专业机构或人士咨询，学习谈判技巧。很多人认为融资谈判的重头戏在合约谈判方面，其实尽职调查才是重点。从创始人与投资机构对接开始，双方就已经进入谈判过程。投资协议只是一段时间内约定双方权利、义务的法定文书，尽职调查才是双方相互了解、相互磨合、彼此试探的重要阶段。

◆重视投资意向书

投资机构投资意向书的格式比较固定，很多条款都是标配，包括估值方式、出资方式、董事席位、优先权等。近几年，因为一级股权投资市场的波动较大，原本被非常看重的投资意向书也会出现“跳单”现象。

其实，除了标配条款以外，其他条款都可以谈判。例如，在企业估值方面，企业创始人希望投资机构可以给出一个明确的估值，但在尽职调查之前，投资人无法给出明确的答复。因为在此阶段，投资项目刚刚立项，投资人对投资企业的了解不够深入，如果贸然给出估值会让自己陷入被动局面，成熟、严谨的投资人不会犯这种错误。解决这一问题最好的方式就是投资人明确自己的下线，创始人明确期望的上线，确定一个估值区间，完成尽职调查之后再给出明确的企业估值。

“谈判是一种妥协的艺术”，在谈判过程中，投资企业与被投资企业各退一步，给彼此留出一定的空间，还可以增进彼此之间的了解，更容易达成一致协议，促进谈判成功。

◆求同存异，搁置争议

控制好谈判节奏，先围绕标配条款进行协商，然后再围绕关键条款进行谈判，整个过程要遵循抓大放小的原则。从谈判到签约最好在20个工作日内完成，因为投资协议的大部分条款都是标配，一些关键数字、权力与责任都可以细化到文件上。

融资谈判进入这个阶段，融资企业与投资企业都付出了巨大的心血与精力，都给予了彼此极大的信任与支持，即便存在分歧，也要秉持“长期合作共赢”的基本理念，先理顺标配条款与关键条款。其中，标配条款主要包括反稀释条款、估值调整协议、领售权、清算优先权、回购条款、财务监管、知情权、检查权等，关键条款主要包括估值条款、付款方式、董事会、委派董事、关键事项约定等。

标配条款的谈判空间不大，融资机构与投资机构的谈判主要围绕企业估值、董事会席位、观察员席位、财务数字（预算内和一票否定）、对赌（业绩、上市）、回购、票数等基本数字与关键岗位展开，谈判内容可以转化为企业的财务估值模型，直接决定企业价值与投资机构未来可能获得的回报。

对于对赌条款中的弹性部分，因为企业上市深受外部环境的影响，具有很强的不确定性，而业绩增长、数字曲线等却可以提供合理的空间。在财务总监、董事会席位、高层人选、企业治理机构等关键岗位方面，要提前制定规则。融资企业可以提前制定一个框架，在这个框架的基础上进行优化完善，毕竟谁先制定了框架谁就掌握了定义权，以免日后发生争执时失去话语权。

2.5.5 融资谈判的注意问题

目前的创投市场基本以资本为主导，企业对资本的依赖程度越来越高。因此，创业企业想要实现更好的发展，不得不主动与资本对接，即便知道自己在与投资机构的谈判中没有太多话语权。随着企业不断发展，规模不断扩大，进入PE阶段之后，在上市之前，投资机构会对一些约束性条款进行调整，或者直接将其废除。除此之外，在股权融资过程中，企业还要注意一些其他事项，具体分析如下。

（1）与投资机构进行融资谈判，最直接的目的就是达成交易，其他都是策略。在选择法务顾问时，最好选择既懂法务又懂业务的资深律师，以免在谈判过程中因为一些细枝末节的法律问题导致谈判难以进行。

（2）对于涉及自身利益的问题，融资公司的创始人要把握大局，为了尽快达成交易，创始人可能要放弃部分个人利益，例如，对赌协议牵涉到家庭资产、自己与其他合伙人的薪酬待遇、公司上市前部分股份变现、员工股权激励计划等。

（3）对于投资协议中比较模糊和隐晦的条款，最好对其进行细化、量化，例如“让投资人满意”这类霸王条款。如果投资协议中这类条款比较多，会给投资机构留出很多可操作的空间，将融资公司置于非常不利的地位。

（4）达成投资协议后，投资机构一般会向被投资企业分期打款，打款节点根据企业预算、关键经营指标的完成情况、关键事项的确立来确定，但也有投资机构会采取一次性打款。需要注意的是，如果投资机构是项目型基金，一般没有现钱，需要临时募资，如果募资顺利就能按时打款，如果募资不顺利就会跳票。对于这一点，企业要提前制定防范措施。

（5）对于投资机构来说，投资机构的钱款进入被投资公司的账户，投资过程才刚刚开始。在这个阶段，被投资企业需要建立有效的沟通机制，维护好与投资机构的关系。

（6）企业在融资时要有替代性方案，否则遇到投资机构的钱款无法及时到账的情况，可能导致企业预先制定好的计划与项目无法按时落地，进而引发一系列连锁反应。为了避免这种情况发生，融资企业要制定预备方案，一旦投资机构的钱款没能及时到账就立即启动。另外，融资企业启动股权众筹时，最好选择有机构或者天使投资人领投的方式，为后期的投资人管理提供方便。

（7）投资机构进驻公司后，通常会要求公司裁撤大股东的家族成员，更换职业经理人，规范公司管理，提高公司的管理水平。过去，投资机构在尽职调查时不会关注创始人及大股东的家庭情况，但近几年，随着公司上市后家族内斗的情况越来越多，投资机构开始制定专门的条款对其进行约束。同时，在投后管理过程中，投资机构还会关注创始人与大股东的身心健康，甚至有些投资机构会定期安排创始人与大股东接受健康检查。

（8）在融资谈判过程中，投融资双方想要达成一致协议都要有所妥协，一张一弛，预留余地。一般情况下，投资机构组织尽职调查小组前往公司开展尽职调查，会给整个创始团队及其家庭带来一定的震动。在这种情况下，公司创始人要做好情绪控制，例如，在内部宣导时把握分寸，做好保密工作；如果发生重大转折事件要及时进行内部沟通；在投资机构的钱款到账之前不要进行融资宣传等。这些都对创始人的情绪控制能力与定力提出了极大的考验。

总而言之，对于融资谈判来说，成功与否的关键不在谈判桌上。虽然我们建议创始人要掌握一定的谈判技巧，但交易能否达成，关键取决于创始人的素质与能力以及创业项目的好坏。毕竟，投资不是慈善，投资机构看重的是长远的利益与回报。

2.6 融资对赌常见条款及风险防范

2.6.1 对赌协议的六种类型

“对赌协议”也被称为“估值调整协议”，指的是投融资双方在制定股权型融资协议的过程中，为了解决目标公司未来发展的不确定性、信息的不对称性以及代理成本等方面的问题，通过金钱补偿或股权回购等方式对目标公司的估值进行调整的协议。由此可见，对赌协议本质上是一种期权，即通过设计相关的条款保护投资方的利益不受损害。

需要强调的是，对于拟上市公司而言，在公司发展过程中可能引入外部财务投资人以解决资金需求，为保证投资收益，财务投资人往往要求公司或实际控制人签署对赌条款。而在某种程度上，对赌条款可能影响拟上市公司股权结构的稳定性，或者不符合上市公司规范治理的要求，因此我国证监会在IPO项目的审核中，对“对赌”做出了明确的规定和要求，拟上市公司在申报前大多也会根据监管要求清理对赌协议。

目前，对赌协议已经在国内外投融资领域有比较广泛的应用。投融资双方在达成并购或融资协议时，所采用的对赌协议主要有以下六种类型。

◆股权调整型

股权调整型是最常见的一种对赌协议。投融资双方在制定并购或融资协议时，往往会对目标公司在规定时间内要达到的业绩标准进行约定。如果目标公司未能完成约定的业绩标准，那么融资方的代表人需要以象征性价格或无偿的方式将协议所约定的一定数目比例的股权转让给投资方；反之，投资方则需要以象征性低价或无偿的方式将协议所约定的一定数目比例的股权转让给融资方的代表人。

【典型案例】永乐电器

创建于1996年的永乐电器，曾是中国商业零售业及中国连锁行业十强企业之一。2005年10月，永乐电器登录香港联交所完成IPO，首次融资金额就超过了10亿港元。在此次融资中，永乐电器与摩根士丹利签署了一份对赌协议，根据协议约定：最迟至2009年，永乐电器必须达到协议约定的利润；如果不能达到预期的利润，那么永乐电器就需要向摩根士丹利转让约定比例的股权。

◆现金补偿型

与股权调整型相比，现金补偿型用于补偿的方式不是股权而是现金。也就是说，根据投融资双方签订的对赌协议，当融资方未能在规定时间内达到协议约定的业绩目标时，融资方就需要向投资方支付约定数额的现金作为补偿；反之，投资方则需要以现金的形式对融资方进行奖励。

【典型案例】隆鑫工业

2010年6月，隆鑫工业的创始股东银锦实业与隆鑫控股将其所持有的部分企业股权分别转让给软银投资、中科渝祥、国开金融等在内的12家创投机构，软银投资、中科渝祥与国开金融分别获得3.3%、11.1%和12.2%的股份。根据双方签订的对赌协议：如果2010年隆鑫工业经过审计的净利润数额不足5亿元，那么银锦实业与隆鑫控股方面就需要根据对方的出资比例以现金的形式向12家创投机构进行补偿。

◆股权稀释型

在股权稀释型的对赌协议中，根据投融资双方签订的协议内容，如果目标公司不能在规定的时间内达到协议约定的业绩目标，那么目标公司的实际控制人就需要以比较低廉的价格定向为投资方增发一部分股权，使目标公司实际控制人的股权比例被稀释，投资方所占的权益比例得以提升。

【典型案例】太子奶

2007年1月，太子奶引入高盛、摩根士丹利以及英联等几家投资机构共计7300万美元的投资，并签订对赌协议，根据协议约定：在获得融资的前三年，如果太子奶的业绩增长超过50%，就有权调整投资方持有的股权比例；如果不能实现约定的业绩增长数额，太子奶集团的创始人就会失去企业的控股权。

◆股权回购型

在股权回购型的对赌协议中，根据投融资双方签订的协议内容，如果目标公司不能在规定的时间内达到协议约定的业绩目标，那么目标公司的实际控制人就需要以投资方投资金额附加固定回报的价格对投资方持有的股份进行回购。

【典型案例】小马奔腾

2011年3月，建银文化通过受让北京新雷明顿广告有限公司股权连同直接投资的方式以4.5亿元的投资额获得小马奔腾15%的股权，成为企业的第二大股东。根据小马奔腾的实际控制人与建银文化签订的《投资补充协议》：如果在2013年12月31日之前小马奔腾不能成功上市，建银文化就有权在符合法律法规的前提下，要求小马奔腾的实际控制人一次性收购建银文化持有的小马奔腾的股权。

◆股权激励型

在股权激励型的对赌协议中，根据投融资双方签订的协议内容，如果目标公司能在规定的时间内达到协议约定的业绩目标，目标公司的实际控制人就需要以象征性的低价或无偿的方式转让其所持有的部分股权给企业管理层。

【典型案例】蒙牛与摩根士丹利

2003年，蒙牛与摩根士丹利等机构签订投资协议。同时，已经掌握蒙牛实际控制权的摩根士丹利等机构与蒙牛的管理层签署对赌协议。根据双方的约定：2003年至2006年，如果蒙牛的复合年增长率低于50%，那么蒙牛管理层就需要将6000万~7000万股的企业股份转至摩根士丹利等投资方；反之，摩根士丹利等投资方就需要将其持有的部分股份转让给蒙牛管理层作为奖励。

◆股权优先型

在股权优先型的对赌协议中，根据投融资双方签订的协议内容，如果目标公司不能在规定的时间内达到协议约定的业绩目标，那么投资方就将获得协议约定的权利，如董事会的一票否决权、剩余财产有限分配权、股权优先分配权等。

【典型案例】乾照光电与红杉资本

2008年2月，红杉资本增资成为乾照光电股东。根据双方的约定：除拥有相应的股权外，红杉资本还享有针对乾照光电的重大事项否决权和财务副总经理的提名权。

2.6.2 对赌协议的常见条款

为了尽可能保护投资方的利益，对赌协议往往需要包含业绩目标、上市时间等与投资方的利益密切相关的因素。因此，对赌协议的常见条款需要包括以下内容。

◆财务业绩

由于财务业绩是企业进行估值的主要衡量指标，所以在投融资双方所签订的对赌协议中，关于财务业绩的条款也是核心内容，主要针对的是目标企业能否在约定的时间内完成相应的业绩指标。毕竟企业想要获得更高的估值，就需要有更高的业绩作为保障。

对目标企业的财务业绩进行约定后，双方还需要在对赌协议中列明补偿措施。即当目标企业不能在约定的时间内达到业绩目标时，应该采取何种补偿方式。就目前企业签订的对赌协议来看，通常是通过股权或现金的形式补偿投资方的利益。需要注意的是，在制订关于财务业绩的对赌协议时，业绩增长幅度的设定应该科学合理，也可以通过重复博弈的方式降低博弈中的不确定性。

◆上市时间

与财务业绩类似，关于上市时间的内容也是对赌协议的常见条款。所谓关于上市时间的约定，即投融资双方就目标企业的上市时间进行约定。就目前签订的对赌协议来看，投融资双方通常在对赌协议中约定如果目标企业不能在约定的时间内上市，企业的实际控制人就要对投资方持有的股份进行回购。所以，从一定层面来看，关于上市时间的约定等同于股份回购的约定。

◆非财务业绩

除财务业绩外，对赌协议还包括关于非财务业绩的条款。不过，这些非财务业绩条款所针对的也是与企业发展密切相关的内容，如技术研发进度、主营产品的销量、企业的年产量、用户人数等。不过，需要注意的是，关于非财务业绩的条款内容不应该过于细节化，应该具备一定的弹性。

◆关联交易

在投资行为发生之后，为了防止目标企业进行利益输送而损害投资方的利益，双方往往会在对赌协议中添加关联交易条款。所谓关联交易条款，即投融资双方约定目标公司不能在约定的时间内发生违反相关章程规定的关联交易。如果目标企业违反相关条款的规定，企业的实际控制人或大股东就需要按照约定比例将关联交易金额作为对投资方的赔偿。

◆债权和债务

在投融资行为发生之前，目标公司可能存在某些债权和债务。为了维护投资方的利益，应该将这部分内容清楚告知投资方，以免投资方受到牵连。因此，对赌协议可能包含与债权和债务相关的条款。投融资双方可以在条款中进行约定，如果目标公司存在未披露的担保、债务等，在实际发生赔付后，投资方有权要求赔偿。赔偿公式为：债权债务赔偿金额＝公司承担债务和责任的实际赔付总额×投资方持股比例。

◆竞业限制

关于竞业限制的条款指的是目标企业在成功上市及参加其他的并购活动之前，企业的实际控制人或主要股东等不能通过公司或其他关联形式参与与目标企业有竞争可能的业务。

除以上提到的情形外，下列两种情形往往也会被列入竞业限制的条款当中：其一，目标企业的创始人或中高层的管理人员如果离职，离职后的几年时间内不能够从事与企业存在竞争关系的业务；其二，目标企业的主要创始人或实际控制人在融资活动发生前没有未到期的竞业禁止条款。

◆股权转让限制

股权转让限制条款指的是条款约定的双方在进行股权转让时需要遵循一定的前提条件，只有满足这些前提条件才能够进行股权转让。

需要注意的是，对于约定的双方而言，股权转让限制条款属于合同义务，也就是说如果被限制方在不能满足相应前提条件的情况下擅自进行股权转让，需要承担违约责任，股东身份不会发生变化。所以，股权限制条款也通常会被列入公司章程，拥有更强的对抗第三方的效力。

◆引进新投资人限制

关于对赌协议中引进新投资人限制条款的内容，实际上是为了进一步确保投资方的利益，主要针对的是企业后期的融资活动，条款中会约定目标企业后来的投资人认购企业股份的价格不得低于投资方认购时的价格。如果违背引进新投资人限制条款的约定，投资方的认购价格会自动调整为最低认购价格，而且溢价部分需要折算成相应数额的股份。

◆反稀释权

反稀释权条款与引进新投资人限制条款类似，针对的是企业后期的融资并购行为。所谓反稀释权条款指的是企业后期新进入的投资方的等额投资所拥有的权益不得超过原投资方，且原投资方的股权比例不会因为新投资方的进入而下降。需要注意的是，股权变动条款的制定需要参考法律法规中关于股份变动的限制性规定。

◆一票否决权

一票否决权条款指的是根据投融资双方的约定，投资方在企业股东会或董事会中针对约定的相关事项拥有一票否决权。根据《中华人民共和国公司法》第四十二条规定，有限责任公司的股东会会议由股东按照出资比例行使表决权，公司章程另有规定的除外。因此，一票否决权仅适用于有限责任公司，股份有限公司遵循“同股同权”的原则。

2.6.3 融资对赌的主要风险

投资方和被投资企业签订对赌协议的案例越来越多，协议内容通常是如果公司能够在一定时间内完成要求的经营业绩，投资方则以约定价格返还公司一定股权，如果没能完成任务，就需要为投资方提供更多的股权，管理团队也有可能被扫地出门。

例如，徐工集团和凯雷签订的对赌协议要求徐工集团在2006年达成盈利要求，凯雷出资1.2亿美元溢价收购徐工机械2.42亿元资产，否则出资6000万美元收购徐工机械2.42亿元资产。

又如，江苏雨润食品和高盛签订的对赌协议，要求如果江苏雨润食品在2005年的净利润为2.63亿~3.25亿元，就要转让最高2.8%的已发行股份给外资；如果净利润低于2.592亿元时，就要以溢价20%的价格购买外方持有的股权。

对赌协议运用得当，可以让投资方有效控制投资风险，同时激励融资方企业管理层的工作热情，但对赌协议本身的高风险性也可能给投资方及融资方带来较大风险。具体来看，对赌协议的风险主要包括以下三种。

◆对赌协议行权标准失衡的风险

投资方为了最大限度地控制投资风险，可能会提出较高的行权条件，而融资方企业管理层为了获得资金支持，再加上其本身处于弱势地位，可能在对自身实际情况及未来发展缺乏客观分析的基础上和投资方签订对赌协议，从而造成对赌协议行权标准失衡。这种情况下，融资方企业管理层因为行权条件过高而自暴自弃，缺乏工作积极性，难以推动企业的持续稳定发展，投资方也无法实现投资利益最大化，是一种双输的局面。

◆滥用对赌协议的风险

投资方高估对赌协议对融资方的约束作用，认为签订对赌协议后，便锁定风险、保障收益，从而盲目制定投资决策，尽职调查流于表面，在很大程度上增加了投资风险。

◆投、融资方短期行为的风险

签订对赌协议后，融资方企业管理层要承担一定的经营压力，为了能够达成协议要求条件，可能会采取非理性扩张等短期行为，甚至可能对财务数据弄虚作假，违规违法经营等，导致企业陷入生存危机。投资方也可能为了获得短期财务回报，在没有和融资方沟通的情况下，通过二级市场抛售股票，导致企业股价下滑，影响企业的长期稳定发展。

2.6.4 对赌风险的应对策略

在对赌协议中，融资企业往往处于弱势地位，承担的风险也高于投资方，所以，企业应该理性对待对赌协议，不能为了获得资金支持盲目与投资机构签订对赌协议。为了有效控制对赌协议风险，融资企业可以采取以下几种应对策略。

（1）深入分析自身的发展战略。

企业应该对自身的发展策略有深入认识，能够对未来发展进行系统规划，在此基础上制定更科学合理的融资决策，充分利用资金资源，避免盲目融资。

（2）理性分析企业自身的发展能力。

科学评估企业优劣势，明确自身的发展能力，判断自己是否有能力完成对赌协议约定的条件。

（3）合理设定对赌协议的行权标准及筹码。

和投资方进行深入沟通，以互惠互利、合作共赢为基本原则，制定公平合理的行权标准，以不影响企业的正常运转为前提设置对赌筹码。

（4）灵活设置对赌协议的止损条款。

对赌条款对融资方企业较为苛刻，约束期达到3~5年甚至10年，在新生事物层出不穷的移动互联网时代，未来的不确定性显著提升，监管政策也可能发生改变，从而导致企业最终无法完成对赌协议。为了避免因此而遭受的重大损失，融资方企业可以和投资方签订止损条款，在遇到突发状况时确保企业能够继续生存。

（5）制定应对风险的预案。

对赌协议本身就具有较高的风险，融资企业应该对其风险有正确认识，了解其破坏力，罗列出可能出现的各种情况，并制定与之匹配的应对策略。

对赌协议如同一把双刃剑，运用得当可以让投融资双方实现合作共赢，反之会形成双输的局面。在和投资方签订对赌协议的过程中，融资企业和投资方应该统一利益，发挥融资协议锁定风险、激励融资企业管理层等方面的积极作用，使融资企业实现持续稳定增长，最终实现合作共赢。

第3章　债权融资篇

3.1　企业银行贷款实务操作攻略

3.1.1　企业信用贷款

所谓信用贷款，即借款人不需要提供任何抵押品或通过第三方担保，仅凭借自己的信用就能够获得贷款的方式。相应地，在信用贷款当中，银行等金融机构也以借款人的信用程度作为判断其能否按时还款的依据。一般情况下，信用贷款方式适用的对象是经过工商行政管理机关核准并登记确认的个体工商户、企（事）业法人以及其他经济组织等。除以借款人的信誉作为发放贷款的凭证外，信用贷款也需要符合《贷款通则》以及相关银行的规定。

◆信用贷款的优缺点

（1）信用贷款的优点。

与通过抵押品或第三方担保而进行的贷款方式相比，信用贷款的优点如表3-1所示。

表 3–1　信用贷款的优点

优点	具体分析
门槛低	对于借款人而言，如果其具有较为稳定的工作和收入，具备按时足额还款的能力，而且无不良信用记录，就基本符合发放贷款的条件。由此可见，信用贷款的门槛相对较低
放款快	如果借款人相关资质符合贷款机构的要求，而且已经获得齐全的手续，就能够在比较短的时间内获得相应的贷款。由此可见，信用贷款的放款速度相对较快

（2）信用贷款的缺点。

虽然信用贷款具有门槛低和放款快的优点，但其缺点也比较明显，具体如表3–2所示。

表 3–2　信用贷款的缺点

缺点	具体分析
期限短	由于并不通过抵押品或其他第三方担保进行贷款，因此信用贷款的期限往往比较短（最长为五年），并不适用于有长期资金需求的借款人
额度低	与其他的贷款方式相比，信用贷款的门槛比较低，因此，贷款机构为了进行风险控制，所提供的贷款额度也比较低（约为贷款人月收入的十倍），并不适用于有大额资金需求的借款人
审批严	由于不通过抵押品或其他第三方担保进行贷款，因此信用贷款对于贷款人资质的审查相对较严

◆企业信用等级与影响因素

根据企业资质的不同，企业信用等级可以划分为AAA级、AA+级、AA级、AA–级、A+级、A级、A–级、BBB+级、BBB级、BBB–级、BB级、B级。企业信用评级采用定量分析为主、定量分析与定性分析相结合的方法，具体如表3–3所示。

表 3–3　信用等级分析方法

分析方法	具体指标
定量方面	（1）销售收入； （2）EBITDA /总债务（利润总额+财务费用+折旧+摊销）/（短期借款+1年内到期的长期负债+长期借款+应付债券+应付票据）； （3）全部资本化比率=总债务/（总债务+净资产）； （4）流动比率=流动资产/流动负债； （5）速动比率=（流动资产–存货）/流动负债； （6）资产负债率=负债总额/资产总额； （7）其他指标

续表

分析方法	具体指标
定性方面	（1）管理水平：着重分析客户公司治理情况、应收账款管理、生产管理水平等方面； （2）竞争能力：着重分析客户的市场地位、技术优势、产品竞争力等方面； （3）经营状况：着重分析客户的成本控制、盈利前景、经营发展战略等方面； （4）信誉状况：着重分析客户的存贷比、还款意愿、信用记录、对外担保情况等方面

3.1.2 保证担保贷款

保证担保贷款是指担保人以其自有的资金和合法资产保证借款人按期归还贷款本息的一种贷款方式。当贷款人不能按期归还贷款本息时，担保人需要承担连带责任，由其履行保证义务。

需要注意的是，在保证担保贷款方式中，担保人所承担的是不可撤销的全额连带责任。也就是说，当贷款人不能按期归还贷款本息时，担保人除必须负责贷款合同内规定的贷款本息和由贷款合同引起的相关费用外，还需要承担与贷款合同相关的连带民事责任。

与其他的贷款方式相比，保证贷款一般情况下不需要经过登记评估等烦琐的手续，因此流程比较简洁。在具体的担保贷款过程中，贷款人可以选择一个担保人，也可以选择多个担保人；在担保人同意长期担保的前提下可以签订合同，保证其在借款合同的保证期限内不再办理相关的保证手续。

由于保证贷款主要为客户的生产经营活动提供资金支持，因此贷款期限具有明确限制，贷款宽限期（指贷款发放后到第一次还款的时间）不得超过3年，贷款期限最长不得超过7年。此外，保证贷款的币种可以是美元或人民币。

保证贷款利率需要严格遵守央行规定的贷款利率政策。对于中长期的保证贷款来说，贷款利率需要根据借款合同的规定逐年调整，也就是说，在贷款合同生效的一年内，利率依照借款合同执行，不随法定利率的调整而变化；贷款合同生效一年后，贷款利率需要根据具体情况进行调整。

申请人需要满足如表3-4所示的条件才能进行担保贷款。

表 3-4 申请人贷款担保条件

序号	担保条件
1	必须是经过工商行政管理部门核准注册，并按规定办理纳税登记和年检手续的企事业法人
2	产品有市场，生产经营有效益，不挤占挪用信贷资金，恪守信用
3	有按期还本付息的能力，原应付贷款本息和到期贷款已清偿；按银行企业信用等级评定标准核定，原则上信用等级必须为A级（含）以上
4	已在银行开立基本账户或一般存款账户
5	除国务院规定外，有限责任公司和股份有限公司对外股本权益性投资累计额未超过其净资产总额的50%
6	借款人的经营和财务制度健全，主要经济和财务指标符合银行要求
7	申请中长期贷款的项目必须经国家主管部门批准，新建项目的企业法人所有者权益与项目总投资的比例不低于国家规定的投资项目资本金比例

3.1.3 抵押担保贷款

抵押贷款指的是借款方需要提供一定的抵押品作为担保的贷款方式。在抵押担保贷款方式中，为了保证贷款本息能够如期偿还，贷款人或第三人需要提供一定的抵押品。如果在规定期限内贷款人不能履行到期债务或发生当事人约定的实现抵押权的情况，提供贷款的银行就有权按照抵押合同将抵押品进行拍卖，将所得拍卖款用于偿还贷款。如果拍卖款不足以清偿贷款，需要借款人继续偿还；如果拍卖款多于清偿贷款，则应将余额归还贷款人。

用于抵押的物品应该是具有较高的价值、易于存放、不易损耗且能够进行变卖的物品，如房屋、股票、有价证券等，具体如表3-5所示。

表 3-5 抵押担保贷款的范围

序号	担保范围
1	建筑物和其他土地附着物（以享受国家优惠政策购买的房屋抵押的，其抵押额以抵押人可以处分和收益的份额为限；有经营期限的法人、其他组织以其有权处分的房屋抵押的，抵押期限不得超过其经营期限；以具有土地使用年限的房屋抵押的，抵押期限不得超过建设用地使用权出让合同规定的使用年限减去已经使用年限后的剩余年限）
2	建设用地使用权
3	抵押人以招标、拍卖、公开协商等方式取得的荒地等土地承包经营权

续表

序号	担保范围
4	生产设备、原材料、半成品、成品
5	正在建造的建筑物、船舶、航空器
6	交通运输工具
7	商品林中的森林、林木和林地使用权
8	海域使用权
9	矿业权，包括探矿权和采矿权

3.1.4 质押担保贷款

质押担保贷款是指债务人或者第三人将其动产出质给债权人占有，当债务人到期不能清偿债务时，债权人有权就该动产优先受偿。在质押担保贷款中，如果贷款人不能履行到期债务或发生当事人约定的实现质押权的情况，提供贷款的银行有权按照质押合同将质押品以质物折价或者贴现、拍卖、变卖质物等方式获得价款用于偿还贷款。

“质押合同”自权利凭证交付之日起生效，可以用于质押的对象包括商品、权利以及动产等。

◆商品质押

商品质押指的是贷款人以商品质押作为担保进行贷款。在商品质押贷款方式中，提供贷款的银行需要委托第三方监管人对贷款人用于质押的储备物、存货或交易应收的商品进行监管，并将商品的价值作为主要还款保障所提供的结构性短期融资业务（不包括期交所标准仓单质押融资）。

根据质押商品操作模式的不同，商品质押可以分为静态质押和动态质押两种类型，如表3-6所示。

续表

表 3–6　商品质押的两种类型

类型	具体内容
静态质押	当商品处于质押期间时，其占有人、数量和形态不会发生变化，当贷款人完成贷款清偿后才能够将该部分商品解除质押
动态质押	当提供贷款的银行根据贷款人的贷款数额和期限确定质物种类、数量、质量和价值的最低要求后，贷款人可以在质押期间对银行规定的最低要求部分外的质物进行自由的存储或提取

用于贷款质押的商品一般为存货、半成品和大宗原材料，而且需要符合表3–7所示要求。

表 3–7　质押商品的具体要求

序号	具体要求
1	具有通用性，用途广泛
2	商品质量合格，符合国家、行业有关标准，不属于国家环保政策限制的商品
3	物理、化学性能稳定，无形损耗小，不易变质，便于长期保管
4	具有可分割性，规格标准化，便于计量
5	有公开、透明、相对稳定的市场价格，可以及时、准确地进行价值评估
6	具有活跃的交易市场和便利的销售渠道，流动性强，易于变现
7	权属清晰，借款人以合法方式取得商品的所有权和处置权，能够提供相对应的购销合同、增值税发票等足以证明权属的单据，进口货物已付清有关税费；未将商品转让给任何第三人，也未在商品上为任何第三人设定质权和其他优先受偿权
8	贷款行要求的其他条件

需要注意的是，用于质押的商品可能在质押期内具有一定的价格波动，这就可能给提供借贷的银行带来一定的风险。为了尽可能地规避这方面的风险，需要基于对质押商品价格波动规律的分析设定相应的警戒线和处置线。就警戒线而言，质押商品市值与融资本息余额之比不能低于125%；而对于处置线来说，质押商品市值与融资本息余额之比不能低于120%。

此外还存在几种特殊的情形，例如，已经在期交所进行套期保值的质押商品，可由一级（直属）贷款行对其警戒线和处置线进行调整，但不得低于100%；而对某些市场价格波动较大的商品，应该在其用于质押贷款时适当提高警戒线和处置线。

当质押商品市值与融资本息余额之比达到所设立的警戒线时，根据质押合同的约定，贷款人应该按贷款行要求追加质物或交存保证金，以补足因为质押商品价格波动而造成的质押价值缺口；如果贷款人不能进行价值补足，则贷款行有权宣布贷款提前到期，并处置质物优先偿还债务。

◆动产质押

动产质押，是指债务人或第三人将其动产移交债权人占有，将该动产作为债权的担保。债务人不履行债务时，债权人有权依照法律规定以该动产折价或者以拍卖、变卖该动产所得的价款优先受偿。债务人或第三人为出质人，债权人为质权人，移交的动产为质物。动产质押关系以质权人的动产质权为其内容，以出质人与质权人为其主体，以质物为其客体。

3.1.5 票据贴现贷款

企业在运营过程中往往会因为资金周转不畅面临巨大的经营压力，此时企业就可以通过票据贴现贷款的方式获得一定的周转资金。所谓票据贴现贷款，即票据持有人通过将合法拥有的票据转让给银行，银行依据票面金额减除贴现利息进行借款。在票据贴现贷款方式中，票据贴现后的所有权归属提供贷款的银行，而且银行可以基于双方的约定凭票向承兑银行收取票款。

我国的商业票据主要包括银行承兑汇票和商业承兑汇票。实际上，在国内外的商业领域，以商业票据作为支付的形式都极为常见。不过，企业在运营的过程中往往希望资金的周转尽可能灵活，所以将拥有的商业票据转化为“活钱”就成了企业十分青睐的一种方式。票据贴现可以看作是贷款银行通过收购未到期的银行承兑汇票进行贷款发放的一种贷款方式。在这种贷款方式下，企业的资金周转速度和资金利用效率都能得到极大的提升。

◆银行承兑汇票贴现

银行承兑汇票贴现指的是当企业有资金周转需要时，可以以一定的贴现率将企业所持有的银行承兑汇票进行提前兑现，获得更多流动资金的一种融资业务。需要注意的是，当进行贴现贷款的银行承兑汇票到期时，提供贷款的银行就可以根据合同约定向承兑人提示付款。如果承兑人未能如期偿付，银行则对贴现贷款申请人保留追索权。

由于银行承兑汇票贴现以承兑银行的信用为基础，所以相较于其他的融资方式更为简便、灵活。而且，企业通过银行承兑汇票贴现的资金成本低，同时贴现利率的市场化程度比较高，有助于企业在加快资金周转的同时降低所需的财务费用。

◆商业承兑汇票贴现

商业承兑汇票贴现指的是当企业有资金周转需要时，可以以一定的贴现率将企业所持有的商业承兑汇票提前兑现，获得更多流动资金的一种融资业务。需要注意的是，当进行贴现贷款的商业承兑汇票到期时，提供贷款的银行便可以根据合同约定向承兑人提示付款。如果承兑人未能如期偿付，银行就对贴现贷款申请人保留追索权。

由于商业承兑汇票的贴现以企业信用为基础，所以贴现融资获取的难易程度主要取决于承兑企业的信用。与其他的融资方式相比，企业采用商业承兑汇票贴现的方式进行融资，不仅融资成本低，而且所需的手续也比较简单。

◆协议付息票据贴现

协议付息商业汇票贴现指的是当企业之间发生交易活动时，卖方企业可以将商品销售后换回的买方企业的商业汇票到银行申请办理贴现的一种融资业务。与以上提到的银行承兑汇票贴现和商业承兑汇票贴现相比，协议付息票据贴现的流程比较特殊，主要体现在贴现时利息需要按照买卖双方贴现付息协议约定的比例向银行支付。

银行承兑汇票贴现和商业承兑汇票贴现所需的利息需要完全由贴现的申请人承担，而协议付息票据贴现则比较灵活，卖方或买方以及双方均可以通过协议约定承担贴现利息。通常情况下，企业综合协议付息票据贸易双方的财务情况等因素，可以制定出囊括贴现利息承担比例在内的销售条款。

3.1.6 国内发票融资

国内发票融资指的是境内销货方作为贷款人，以其在国内商品交易中所产生的发票为凭证进行贷款的方式。以发票作为贷款依据，国内发票融资需要满足贷款人并未对应收账款债权进行让渡，而且需要以发票所对应的应收账款作为第一还款来源的条件。此外，必须注意的是，国内发票融资必须以真实、合法的交易和债权债务关系作为前提。

◆国内发票融资的发票范围

国内发票融资的发票范围如表3–8所示。

表 3–8 国内发票融资的发票范围

序号	发票范围
1	因向企业法人销售商品而开具的增值税发票
2	因向学校、医院等事业法人销售商品而开具的发票
3	因地市级（含）以上政府的采购部门统一组织的政府采购行为而出具的发票
4	因军队军级（含）以上单位的采购部门统一组织的军队采购行为而出具的发票
5	总行认定的其他可以办理国内发票融资业务的发票

◆发票及其所对应的应收账款应符合的条件

发票及其所对应的应收账款应符合的条件如表3–9所示。

表 3–9 发票及其所对应的应收账款应符合的条件

序号	条件要求
1	发票真实、合法、有效，票面要素与商品交易内容一致，符合购销合同要求
2	发票所列商品为销货方的主营产品
3	应收账款还款期限一般不超过6个月，最长不超过9个月
4	应收账款权属清楚、没有瑕疵，销货方未将其转让给其他人，也未在其上为其他人设定任何质权和其他优先受偿权

3.2　企业债券融资实务操作攻略

中国人民银行制定的《银行间债券市场非金融企业债务融资工具管理办法》经2008年3月14日第五次行长办公会议通过，自2008年4月15日起实施，这对企业直接融资工具的发展而言具有里程碑式的意义。该管理办法的通过及实施促进了包括企业债、公司债、融资债券等在内的债务融资工具的发展。

数据统计结果显示，2017年，非金融企业债务融资工具累计发行规模39099.48亿元。早在2011年5月，中国银行间债券市场就推出了首批非公开定向债务融资工具，发行规模达130亿元。这种融资方式开拓了企业的发展思路，能够为那些资金短缺、在银行信贷融资过程中遭遇高门槛的中小企业提供有效的融资方案，提高企业的竞争力，为企业发展创造机遇。

以发行监管主体为划分标准，现如今市场上的债务融资工具包括三种：企业债券，经发改委核准；公司债券，经证监会核准；短期融资券和中期票据，在中国银行间市场交易商协会注册。企业债券和公司债券会受到严格的发行管制，这里集中分析经中国银行间市场交易商协会注册的非金融债券，具体如短期融资债券、中期票据、定向发行债券。

3.2.1　企业债券融资的五大优势

◆充分拓宽融资渠道

企业利用债务融资工具可以通过更多途径获取资金，从而在宏观调控中保持更多的独立性。在传统模式下，企业只能通过银行信贷方式筹措资金，无法分散风险。现如今，以短期融资债券、中期票据、中小企业集合票据为代表的融资工具迅速崛起，能够为企业提供有效的融资方案。债务融资工具的运用能够拓宽企业的融资渠道，增加企业融资占比，解决融资结构中存在的许多问题，提高企业在资金方面的风险管控能力，推动企业向更好的方向发展。

◆增大自由现金流量效应

债务融资工具的运用让管理者意识到企业需要偿付未来现金流，从而限制管理者的资金，促使企业提高现金流量的利用率。在使用债务融资工具的过程中，管理者要想偿还债务，就要提高投资效益，这能够在一定程度上降低企业管理者过度投资的概率，促进资源优化配置，从整体上推动企业的经营发展。

◆延长资金使用期限

短期企业融资债券要在银行间市场交易商协会进行注册，完成注册后拥有两年有效期，企业可以在这个时间范围内分期发行。短期企业融资债券的注册门槛不高，经市场认可、遵循中国人民银行注册规则与办法、与国家经济管理需要保持一致的企业都可以注册。在这种模式下，企业能够采用滚动发行的方式延长融资资金的使用时间。另外，发行企业可以就债券利率问题与主承销商协商，在融资方面节约成本，延长资金使用时间，降低总成本消耗。

◆提高企业市场认可度

企业利用债务融资工具能够通过媒体平台进行推广，提高自身的知名度与影响力，进而被更多消费者所知。另外，在与承销商及评级机构互动的过程中，管理者能够意识到公司的优势及管理过程中存在的隐患和问题，并据此提出相应的解决方案，提高企业的管理能力。

◆明显提高财务杠杆效应

如果投资报酬率超出负债偿还率，使用债务融资工具能够发挥财务杠杆的作用，提高权益资本净利润率。此外，在通货膨胀的大环境下，企业面临货币贬值压力，债务融资能够降低企业损失，让债务融资工具的购买者来承担货币贬值的风险，从而降低企业压力，促进企业平稳发展。

3.2.2　企业债券融资的主要模式

现阶段，我国证券市场采用的是以政府监管为主、自律管理为补充的监管体制。在政府的积极引导与支持下，证券市场实现了快速发展，但企业债券市场发展却十分缓慢，企业债券融资无法得到大范围的认可与支持。随着经济全球化进程日渐加快，大量国际企业债券融资成功的案例发挥出了良好的示范效果，为我国企业债券融资发展提供了有力支持。

我国金融体制改革正在步入深水期，银行系统改革尤其是提高银行对系统风险的控制能力是金融改革的一项重点内容。在这种背景下，银行更愿意将资源向信用良好、实力强大的企业倾斜，导致那些真正缺乏资金的中小企业被拒之门外。

2008年金融危机的阴霾至今仍未完全消散，资本方投资更加保守谨慎，企业融资难问题进一步凸显。这种背景下，对企业债券融资在国内的推广应用进行研究分析，对拓宽企业融资渠道、打破融资难的痛点、加快金融改革具有十分重要的现实意义。

从企业融资结构来看，企业债券可以取代银行贷款的部分功能，加大企业债券融资可以降低银行贷款比例，对降低银行的系统性风险有一定的积极影响。部分国家的融资模式是银行主导型，如日本、德国，其银行贷款在企业融资结构中占据较高的比重；部分国家则是市场主导型，企业债券在企业融资结构的比重要高于银行贷款。

◆市场主导型融资模式

在以市场主导型融资模式为主的国家中，银行和企业之间的联系较为松散，企业债券融资应用广泛，大型企业进行中长期融资时更加倾向于选择债券市场，而进行短期融资时则倾向于选择银行贷款。

美国是非常典型的推行市场主导型融资模式的国家。从20世纪80年代开始，美国逐渐实现了利润市场化，金融的自由化程度不断提高，并逐渐放松对金融市场的监管，推行“轻触式监管”模式，大力开展金融创新，国家资本逐渐脱离银行，资本市场变得越来越活跃，直接融资模式兴起，同时各大银行持股份额较大的股东开始投资各类投资机构。虽然这种市场主导型融资模式比较自由，但也导致美国的金融体系不太稳定，金融危机时有发生。资本市场的优胜劣汰为科技创新、新经济的发展产生了积极的促进作用，但也进一步拉大了社会的贫富差距，增加了社会的不稳定性。从我国国情来看，我国不适合使用这种自由市场经济模式，所以我国企业也不能直接复制美国企业的债券融资发展模式。

◆银行主导型融资模式

在以银行主导型融资模式为主的国家中，企业普遍选择通过银行等金融机构开展外源融资，银行和企业之间的联系十分密切，双方不仅是借贷关系，还可能存在相互持股关系。

我国是银行主导型金融体系，在我国的银行市场上，国有控股与参股银行占比极大。从2013年开始，互联网金融快速发展，我国利率市场化、金融自由化的发展进程不断加快，但对银行表内业务的金融压抑并没有放松，对互联网金融、各类金融机构的资产管理却相对宽松。目前，我国的利率市场化改革仍在进行，金融监管越来越严格。

通过对这两种融资模式的特征及应用案例进行分析可以得出，我国在发展企业债券市场的过程中应该放宽管制，推进利率市场化，同时加快研究制定相关法律法规对市场进行引导、监督及规范。

3.2.3 企业债券融资的主要风险

企业是市场经济活动的重要参与者，是以盈利为目的的经济组织，是推动社会经济高速发展的重要主体，但企业的发展离不开资金的支持。对于企业来说，债券融资是一条有效的资金获取途径，但债券融资存在很多风险。因此，企业在债券融资的过程中要善于发现问题、解决问题，完善企业的财务环境。

◆企业债券融资风险

（1）债券利率风险。

债券利率风险指的是债券发行之前受到利率市场波动的影响，导致债券发行后的利率下降，票面利率较高，实际利率较低，使得企业的财务成本大幅增加。需要注意的是，国家宏观经济调控与国际经济环境也会影响市场利率。只要企业处在经济市场中，就必须接受这些因素的影响。从某种程度上说，债券利率风险就是一种客观存在。企业想要规避这种风险，必须在发行债券之前做好市场经济调研。

（2）债券发行风险。

债券发行风险指的是受各种因素的影响，企业债券无法在预定时间内发售所造成的风险。例如，在私募债券融资模式下，企业发行的债券无法在短时间内找到合适的购买者，因此放缓债券发行速度，甚至导致部分债券停止发售。之所以会出现这种情况，主要原因在于企业的抗风险能力较差。只要国内外的经济环境发生变化，就会导致企业的内部经营出现问题。

相较于一般债券来说，私募债券面临着很多风险。因此，以中小投资者为代表的大多数投资者面对私募债券都会观望一段时间，导致私募债券发行受阻。而中小企业的内部治理体系不太完善，发行私募债券容易使利益关联方的利益受损，导致债券发行时间过长，最终导致债券发行失败。

（3）债券流动风险。

企业债券融资交易的活跃度深受投资者分布、市场经济等因素的影响。由于债券发行方无法保证债券持有人时间的灵活性、自主性，所以当双方按照约定进行交易时可能诱发债券流动风险。

◆企业债券融资风险产生的原因

（1）内部财务环境不完善。

一些企业经营多年仍然采用传统的管理模式，管理人员的管理水平参差不齐，忽略了对外政策变化，再加上企业内部控制制度不健全，财务人员对财务知识的掌握不充分，专业技能与个人素养较差，不能积极地参与企业的经营活动，而且缺乏与地方政府部门的沟通，不能积极学习国家最新出台的相关政策与法规，无法获得社会的理解和支持。

（2）与银行等金融机构合作不顺畅。

企业是推动经济高速发展的重要力量。但很多中小企业在经营过程中需要面临诸多问题，包括员工素质低、规模小、技术含量低等。在这些问题的影响下，企业很难实现稳定经营。金融机构为了规避风险会为中小企业借款设置很多条件，导致二者之间的关系比较紧张，给企业筹集资金带来诸多不便。

（3）盲目选择融资方式。

现阶段，一些企业在使用债券融资方式时往往遵循开拓性发展原则，会出现各方协调不到位、相互推诿的现象，导致融资效率较低。为了拓展融资渠道，企业在选择融资方式时必须保持理性，不能盲目。

3.2.4　企业债券融资的风险防范

◆强化对前期债券融资方案的研究

企业在选择债券融资方式时要对自身的经营状况、财务状况以及资金投入方向进行分析，将各项调研工作落到实处，尽量避免出现盲目投资，保证企业发行债券之后可以按照合约履行相关责任。同时，企业在进行调查分析之前需要安排专业人才根据内部资料与外部文件对国内宏观市场、债券市场的发展情况进行分析，并编制报告，对自身的偿债能力与资金筹集能力进行科学评估，对债券发行风险进行预测。此外，企业要建立债券融资应急机制，做好风险识别与防控，明确各类事件的应急等级，制订应急工作开展计划，规范应急工作开展流程，保证突发事件的相关信息能够快速传递，尽可能降低债券融资风险的影响，或者避免债券融资风险发生。

◆加强企业内部财务环境的完善

企业想要实现可持续发展，降低债券融资风险发生概率，必须不断改善内部财务环境，制定符合企业实际情况的内部控制制度，并推动制度落地。同时，企业还要积极推动会计信息化，围绕会计信息化建立相关的技术法规，不断优化财务技术，改善财务管理。同时，企业的财务部门要与其他部门相互合作，协调配合，根据投资效益、融资需求、融资能力进行详细分析，建立健全考核激励机制，不断调动员工工作的积极性，为企业发展创造一个良好的财务环境。

◆与金融机构建立良好的合作关系

如果企业要从金融机构贷款，必须先向金融机构提交申请。金融机构收到申请后，会安排工作人员对企业的财务状况、信贷情况及贷款目的等进行审查。在这个过程中，金融机构为了维护自身利益会设置很多保护性条款。但由于贷款协议的签署需要遵循双方自愿原则，所以企业要与金融机构建立良好的合作关系，不断提高议价能力。对于企业来说，与金融机构建立良好的合作关系有很多益处，如可以及时获得最新的金融政策与信贷政策，提高融资能力等。

◆丰富融资渠道

企业通过债券融资不仅能够获得需要的资金，还能充分发挥抵消税额的优势，缓解企业的税负压力。需要注意的是，如果企业的资产负债率过高，超出合理范围，可能会面临经营风险，无法实现持续稳定发展。因此，企业不能过度依赖单一的债券融资方式，要积极拓展融资渠道，打造多元化的融资模式，满足企业的融资需求。

在债券融资模式下，企业可以选择的融资对象有很多，包括个人、小团体、企业等。在选择融资对象之前，企业首先要提升个人资质，提高自身实力以及对融资对象的吸引力，明确资本信任度之后再选择融资对象。

除债券融资外，企业还可以通过发行股票来获取资金。如果企业需要大量资金，又不想增加资产负债率，就可以发行普通股或优先股等股票，通过出售股票获取资金，从而解决资金短缺问题。通过这种方式，企业既能规避债券融资带来的风险，又能为后续发展奠定良好的基础。

◆对资金需要量做出科学预判

一般情况下，企业需要资金主要是为了满足投资运营与发展需要，所以企业融资并不是筹集到的资金越多越好。如果企业筹集到的资金过多，导致一部分资金闲置，而闲置资金产生的收入远低于融资成本，就要承受较大的借贷压力。如果企业筹集到的资金无法满足需求，此次融资活动只能判定为失败。因此，企业在融资之前必须采用科学的方法对资金需求做出准确预测。在运营阶段，企业可以根据年度生存经营计划和资金水平对需要的资金量做出准确预测；在扩张发展阶段，企业可以根据自身的扩张规模，对对外投资需要的资金量进行科学计算。

◆做好财务风险控制

在债券融资的过程中，企业要尽量降低资本成本，关注金融风险，采取有效的防范措施，避免破产。同时，企业要不断完善内部环境，提高资金的使用率，树立科学的管理理念，不断提高信用水平。除了采用科学的方法管控财务风险外，企业还要明确融资目的、融资方式，不断提高自身竞争力，做出科学的财务决策。

企业债券融资还会受到宏观调控的影响。企业想要降低债券融资风险，必须做好融资管理，对债券融资可能面临的风险做出全面认知，对可能引发风险的因素进行深入分析，及时执行防范措施，保证经营性现金流的健康，为企业的债券融资奠定良好的基础。同时，由于企业债券融资的成败深受企业财务环境的影响，所以企业必须优化财务环境，为成功完成债券融资保驾护航，并为企业发展战略的实现奠定良好的基础。

3.3 企业信托融资实务操作攻略

3.3.1 信托的概念与要素

信托指的是委托人基于对受托人的信任，将自己所拥有的财产委托给受托人，由受托人在尊重委托人意愿的前提下，出于维护委托人利益或其他目的，对该部分财产进行管理和处置的一种行为。从本质上看，信托是一种以资产为核心、以信任为基础、以委托为方式的理财方式，同时也是一种特殊的财产管理制度和法律行为。

信托最早起源于英国。当时，英国的市场经济正处于蓬勃发展阶段，人们对财产管理方式变革的呼声越来越强烈。信托作为一种更具有创新性的融资方式，融资对象可以是资金也可以是物质，融资形式将直接融资与间接融资结合在一起，信用的形式既结合了商业信用也结合了银行信用。如今，信托已经与银行、证券和保险共同构成了现代金融体系的组成部分。

◆信托的三个关键要素

信托涉及的关键要素如表3–10所示。

表3–10　信托的三个关键要素

关键要素	具体内容
信托	信托是一种法律行为。在具体的信托行为中，委托人需要根据自己的目标制订详尽的信托计划、具体的信托过程和信托实施方案。委托人基于对受托人的信任，以书面或电子形式制订信托计划报告的过程就是信托行为
当事人	信托行为涉及三大主体，即委托人、受托人和受益人，其承担的角色各不相同
信托标的物	信托标的物即信托财产，指的是在具体的信托行为中从委托人转移至受托人的财产。信托标的物可以是银行存款、房屋、土地、物品等有形财产，也可以是专利权商标、保险单等无形财产

◆信托融资的概念与特点

由于信托融资将直接融资和间接融资结合在一起，所以信托融资具有间接融资的特点。在信托融资的过程中，金融机构作为媒介，由贷款人向信托公司提供融资。在具体的信托融资行为中，信托职能可以在较为长期的资金运营过程中得到体现，委托人将所拥有的财产交给受托人之后，受托人进行信托产品的设计，通过出售、出租、投资以及贷款等方式对信托财产进行管理，从而提高资金的流动率和利用率。

信托融资模式的特点如表3–11所示。

表 3-11　信托融资模式的特点

主要特点	具体体现
投资方式灵活	依据我国《信托投资公司管理办法》的规定，信托投资公司在对信托资产进行管理时，既可以根据双方签署的信托文件的约定，通过同业拆放、融资租赁、投资等方式处理信托资产，也可以基于对市场的分析，从信托财产的种类以及信托目的等角度出发选择信托业务
信托财产破产隔离	依据我国《信托公司管理办法》的规定，处于信托状态的财产既不属于信托公司对受益人的负债，也不属于信托公司的固有财产。也就是说，委托人进行信托的财产与其所拥有的其他财产相同，都属于委托人所有。同时，委托人委托受托人管理的财产与受托人所拥有的其他财产不同，不归属于受托人所有。信托合同终止时，信托财产不属于其清算财产

3.3.2　贷款信托融资

由于信托融资的方式多样且灵活，如融资租赁信托、受益权转让信托、债权信托、股权信托、资金信托贷款等。所以，信托融资一方面能够为广大具有资金需求的企业拓宽融资渠道，另一方面也为社会上的闲散资金提供了可靠的投资渠道，将供需两端连接在一起，提高了社会整体的资金利用率。

在信托融资的众多方式中，贷款信托融资的应用频率较高。所谓贷款信托融资指的是委托人在将其所拥有的部分财产委托给受托人后，委托人以发放贷款的方式管理这部分财产，并获得贷款本息的一种金融业务。贷款信托融资在具体的运用过程中可以采用单一资金信托贷款融资模式，也可以采用集合资金信托贷款融资模式。

与其他融资方式相比，贷款信托融资的优势如表3-12所示。

表 3-12　贷款信托融资的优势

融资优势	具体内容
安全性、收益性较高	在安全性方面，由于承接贷款信托融资的中介公司对此类项目有比较专业的把控能力，能够对不同项目的优劣和企业的资信进行对照，加之对各种相关手续的落实，能够保证贷款信托融资的风险较低；在收益性方面，由于贷款信托资金主要针对的是中长期的投资，不仅能够获得远高于银行定期储蓄的利率，而且承接贷款信托融资的中介公司可以通过利率的变化对使用贷款资金的企业进行合理监督

续表

融资优势	具体内容
优化企业的融资效率	在贷款信托融资过程中，项目发起人与投资人之间的产权或债权关系较为清晰，不同的参与主体之间的法律关系也比较清晰，所以各方均可以比较好地行使权利或履行义务。所以，对于融资企业来说，贷款信托融资能够很好地提高企业的融资效率
偿还方式灵活性大	与银行贷款等常规的企业融资方式相比，信托贷款的偿还方式更加灵活，企业与信托公司可以对具体的偿还方案进行协商

3.3.3　股权信托融资

股权信托融资指的是将信托资金以股权投资的方式对实业项目进行投资。股权信托融资的具体过程如下：基于委托人和信托公司的约定，信托公司将受托的资金用于投资指定项目，从而成为对应项目企业的股东，以股东的身份参与项目企业的投资等活动，在董事会或股东大会中对投资项目进行监控，详细了解投资目的，并尽可能确保投资计划顺利实施，确保委托人的利益不受损害。其特征如表3–13所示。

表 3–13　股权信托融资的特征

主要特征	具体内容
最终以股权作为信托财产	在股权信托融资方式中，初始信托财产可能是公司股权，也可能是资金或其他形式的财产。如果是资金或其他形式的财产，经过受托人的操作后，信托财产的最终形态也会转化为股权
委托人形式灵活	在股权信托融资方式中，委托人既可以是单一的主体，也可以是集合的主体；既可以是具有完全民事行为能力的自然人，也可以是法人或依法成立的其他组织
股权投资信托与股权管理信托不同	对于股权投资信托来说，其核心目的是获得可观的投资回报，并非控制目标企业，所以信托机构的使命是“受人之托，代人理财”；对于股权管理信托来说，其核心目的是股权表决权和处分权的委托管理，所以信托机构的使命是“受人之托，代人管理”

3.3.4　租赁信托融资

租赁信托融资指的是信托公司将信托资金用于购买相关设备并进行租赁，从而收取租金的一种融资方式。在租赁信托方式中，租金、购买设备的佣金以及设备承租期满的处置收入等共同构成了信托的收益。其中，租金需要承租人每年按照约定的利率支付给委托人，而佣金需要承租人按照约定的利率支付给受托人。

对委托企业来说，委托方将所拥有的大型设备进行租赁信托，不仅能够推动相关技术的升级和企业的发展，还可以改善企业的负债结构，是一种风险性较低的融资方式。

【案例】对外经贸信托公司医疗设备融资租赁信托计划

信托期限：3年。

最低认购金额：5万元。

资金用途：以融资方式购买通用电气（中国）有限公司的大型医疗设备，然后将其租赁给具有资质和相应需求的医院。

租赁信托行为：租赁信托行为往往涉及三方当事人，即出租方、承租方以及设备供应厂商。在该案例中，出租方也即委托人为对外经贸信托，承租方为租赁对应医疗设备的医院，而设备供应厂商也即委托人为美国通用公司（GE）。由于购买相关设备的资金是对外经贸信托经过信托计划从公众渠道募集的，因此，根据合同约定，在为期三年的租赁时间内，租赁设备的医院需要按照约定定期支付租金；租赁期满后，医院需要将设备的本金以及租金进行偿还，同时获得该医疗设备的所有权。

3.3.5 债权信托融资

债权信托融资指的是债权人（委托人）将其所拥有的票据、保险证书、定期存款单以及借据等能够代表其债权的财产委托受托人进行催收或管理等操作。一般情况下，用于信托的债权可能是企业的应收账款，也可能是银行的贷款。

企业在运营过程中往往会产生大量的应收账款以及三角债，这些债权不仅十分不利于企业资金的良性循环，而且可能直接导致企业面临破产等无法挽回的局面。因此，将债权进行信托，由具有专业水平的信托公司负责处置，同时借助资产证券化技术和受益权的转让机制，提高债权的变现速度，是企业融资的有益渠道。

【案例】中国移动应收账款集合资金信托计划

发行机构：国民信托。

投资期限：1年。

投资门槛：100万元。

募集资金规模：1亿元。

债权信托行为：广州承兴委托国民信托将其所持有的中国移动通信集团福建有限公司180天以内应收账款进行管理，具体的受让价格为应收账款总额的80%。

3.4　企业民间借贷实务操作攻略

3.4.1　企业融资难的现状与原因

中小企业虽然规模与体量有限，但数量庞大，是推动我国国民经济发展的重要力量，然而融资难、融资贵问题令广大中小企业饱受困扰。为了规避风险，银行更愿意和大型企业尤其是国有大型企业合作，导致中小企业融资受阻，给中小企业的进一步扩张发展造成了重大阻碍。

民间借贷凭借操作简单、灵活等优势受到了广大中小企业的青睐，不仅满足了中小企业的融资需求，而且丰富完善了金融市场。但民间借贷风险高、容易引发非法集资等违法犯罪问题。所以，对我国中小企业融资困境及原因进行深入分析，剖析民间借贷对中小企业融资的影响，探究引导民间借贷正规发展的有效对策，具有十分重要的现实意义。

◆中小企业融资难的现状

20世纪80年代以来，中小企业的年产值增长率长期位于30%左右，显著高于同期国民经济增速，是支撑我国经济发展的重要力量。然而中小企业融资难问题长期未能得到真正解决，成为限制中小企业发展的重大阻力。商业银行等金融机构更愿意和偿债能力较强的大型企业合作，设置了较高的融资门槛，让很多中小企业望而却步。统计数据显示，中小企业贷款申请遭拒率高达56%，即便通过申请，贷款额度也很难满足自身实际需要。

当然，能为中小企业提供贷款的不仅是银行等正规的金融机构，还有非正规的金融组织，民间借贷就是典型代表。这种融资方式在中小企业融资方面发挥了关键作用。当然，我国政府也推出了多项政策支持中小企业向银行等正规金融机构融资，但银行为了降低风险，导致很多政策无法真正落地。

◆中小企业融资难的原因分析

（1）中小企业难从正规金融机构获取资金。

中小企业有限的规模和体量不符合资本市场融资门槛，上市难度较高，自然也很难实施股权融资。债权融资成为中小企业融资的无奈之选。从融资渠道来看，债权融资包括银行贷款、发行债券及民间借贷三种。

我国政府对企业发行债券有严格限制，要经过政府主管部门审批后才能发行，中小企业通过发行债券融资非常不现实。现行的《中华人民共和国公司法》（以下简称《公司法》）、《中华人民共和国证券法》等文件中关于企业发行股票、债券融资的条款，使中小企业无法通过资本市场成功融资。

（2）缺乏完善的金融体系。

我国金融机构以银行为主，中国工商银行、中国农业银行、中国银行、中国建设银行等国有商业银行具有绝对垄断优势，此外，还有很多地方政府成立的中小银行。商业银行尤其强调风险及成本控制，面对信用等级低、偿还能力差的中小企业，很多银行不愿意为其提供贷款。

（3）银行与企业之间缺乏长期合作关系。

银行的强势地位使其长期以来并不重视客户关系管理，即便近年来这种情况有所变化，但也仅限于和大型企业客户合作，对中小企业缺乏足够重视，更不会和中小企业建立长期稳定的信任关系。

（4）信用担保体系建设滞后。

银行为企业提供贷款时为了降低风险往往会提出很多限制条件，如抵押担保。在现实生活中，大部分从银行成功贷款的中小企业就是因为提供了抵押担保，然而能够提供抵押担保的中小企业并不多。

我国中小企业信用担保体系建设滞后，信用担保机构缺位及无序竞争等问题普遍存在，导致中小企业融资得不到有效担保。信用等级较高的中小企业向银行申请贷款时，可以以更少的抵押物获得更多的贷款额度，但因为我国企业信用评价体系不完善，导致中小企业融资遇到较大阻力。

（5）中小企业自身存在缺陷。

中小企业自身存在的诸多问题也是导致其融资难、融资贵的一个重要因素，这些问题包括财务管理不规范、产权不清晰、违约率较高、公信力低等，导致商业银行贷款积极性较低。

综上来看，中小企业融资困境是多种因素综合作用的结果，由于没有完善的融资担保体系，中小企业从银行贷款成功率较低，即便能够获得贷款，风险及成本也相对较高。在这种情况下，大量中小企业选择通过民间借贷融资，为民间借贷的发展提供了广阔的空间。

◆民间借贷的主要特征

从制度层面看，当民营经济主体无法从正规金融机构获得资金支持时，通过民间借贷融资就会成为一件很自然的事情。民间借贷是一种典型的民间金融业态，其特征如表3-14所示。

表 3-14　民间借贷的主要特征

序号	主要特征
1	以信用形式融资为主、担保灵活
2	贷款人往往是亲朋好友关系，对借款人的身份、背景等有深入了解
3	操作简单、高效，和中小企业资金需求迫切的特征较为一致
4	贷款利率不固定，掺杂着浓厚的感情色彩

民间借贷通常发生在亲朋好友之间，信息传递效率较高，贷款人对借款人资金用途及借款风险有着深入了解，投资人自然会选择那些风险较小、收益较高的中小企业，从而对优化资金配置产生十分积极的影响。

中小企业在银行等正规金融机构融资受挫的情况下，能够通过民间借贷很好地满足自身的资金需求。而且民间借贷有较高的弹性，借贷双方存在一定的信任关系，在还款周期方面可以适度调整。此外，那些收益稳定、低风险的行业更容易得到民间投资人的青睐，从而吸引更多民间资本进入该领域，推动行业不断发展与完善。

民间借贷是一种自发性的经济活动，借贷双方联系密切，贷款人能够有效监测资金用途，从而及时发现可能存在的风险，有利于加强风险控制。而银行等正规金融机构很难做到这一点，由于借贷双方信息不对称，所以难以建立信任关系。

3.4.2　民间借贷的消极影响

2020年8月20日，最高法正式发布《最高人民法院关于修改〈关于审理民间借贷案件适用法律若干问题的规定〉的决定》（以下简称《规定》），在最新修订的法律文件中，调整了民间借贷利率的司法保护上限，新的合法利率上限大幅降低了借款人融资成本。以2020年8月20日发布的最新一年期LPR报价3.85%为例，按照3.85%的4倍计算为15.4%，15.4%作为司法保护上限，与过去的24%和36%相比有较大幅度的下降。

从政策的导向性来看，降低民间借贷利率司法保护上限，实则倒逼金融借贷、民间借贷降低综合贷款息费，这会有效降低借款人的融资成本，保护借款人免受非法现金贷平台及高利贷的困扰。

此外，民间借贷虽然在一定程度上缓解了中小企业融资难的问题，但消极影响也十分突出。

◆民间借贷缺乏必要的法律约束

民间借贷利率较高，交易流程不规范、缺乏有效手续，具有一定的冒险性及投机性，虽然有《中华人民共和国民法典》（以下简称《民法典》）的约束和保护，但其隐蔽性、随意性的特征导致取证困难。借款人违约时，贷款人维权难度较高。

民间借贷法律法规体系不完善，给行业发展带来了诸多阻碍。我国尚未出台面向民间借贷的法律法规，当民间借贷的双方出现纠纷时，往往要借助我国法律法规中的相关条款来进行处理，然而这些法律条款缺乏系统性、实操性。此外，由于民间借贷以个人信用担保为主，还款风险相对较高。

◆民间借贷增加了企业资金成本

在负面案例层出不穷的背景下，民间借贷能够蓬勃发展的一个关键原因在于，其借贷利率较高，即便我国最高法明确规定自然人之间的借款合同利率不能违反国家规定限制的借款利率，然而民间借贷利率依然高于银行贷款利率，因此必然会提高企业的资金成本，导致规模与体量较小的中小企业承担较高的财务风险。

◆民间借贷不利于中小企业长期发展

较高的借贷利率受到了投资人的青睐，高利贷问题愈发严重，给金融秩序稳定带来了一定的负面影响。尤其是民间借贷的短期过桥资金，使中小企业经营困境被掩盖。当中小企业趁机向银行贷款时，银行无法得知企业的真实经营状况，给企业发展带去诸多负面影响。

民间借贷高利率问题导致借款企业抗风险能力较差。一旦企业遇到突发状况很容易蒙受重大损失，甚至面临破产。此外，在利益驱动下，民间借贷有可能发展成为洗钱、高利贷、非法集资等违法犯罪活动，这些都将对中小企业的发展带来较大的负面影响。

◆民间借贷影响国家宏观调控

建立健全金融监管体制机制是确保金融业持续稳定发展的关键所在。民间借贷的随意性、隐蔽性、分散性等给监管提出了更大的挑战。一方面，监管对象难以精准定位。民间借贷参与者十分广泛，分散在全国各地，而且相对隐蔽。另一方面，金融机构难以与民间借贷组织协调沟通。民间借贷组织对银行等正规金融机构存在较为强烈的抵触情绪，使得后者的监管职能无法充分发挥。此外，民间借贷是借贷人和贷款人自主发起的，不会轻易向外界泄露借贷额、利率、还款周期等信息，导致民间借贷监管难度显著提升。

另外，由于民间借贷的存在，当国家实施紧缩货币政策时，借款人转而向民间借贷寻求资金支持，导致民间借贷规模迅速增长，使紧缩货币政策的作用被削弱，给国民经济的发展带来不利影响。

3.4.3 完善民间借贷的对策

民间借贷为中小企业融资提供了新渠道，是推动中小企业发展的重要力量。但我们也应该认识到民间借贷监管存在较大空白，如果不加以控制，其负面影响会损害人民财产及人身安全，所以，对民间借贷进行引导与规范，积极出台相关法律法规，为中小企业融资建立多层次、多元化的体系，对确保中小企业的健康稳定成长具有十分积极的影响。

◆**完善民间借贷相关法律法规**

完善民间借贷法律法规有助于化解民间借贷活动纠纷，维护社会和谐稳定。未来，我国需要加快研究制定民间借贷法律法规，使其能够和银行等正规金融机构实现协同联动。

首先，政府相关部门要对民间借贷的合法地位予以肯定，积极开展民间借贷普法活动，引导民众学习相关金融理论知识及法律法规。

其次，我国将民间借贷纳入法制轨道。目前，我国民间借贷法律法规形成了基本轮廓，但尚未形成系统完善的体系，因此未来我国需要在民间借贷法律法规体系建设方面投入更多资源，使民间借贷主体获得应有的法律地位，并为其构建公平、公正、公开的法制活动平台，保障自身的合法权益。

最后，我国要对洗钱、高利贷、地下钱庄、非法集资等金融违法犯罪活动进行严厉打击，强化对民间借贷活动的监管能力，让民间借贷规范化、契约化，使民间资本得到充分利用，为中小企业融资提供良好的环境。

◆**加强民间借贷监管力度**

在民间借贷监管法律缺失的背景下，相关机构对民间借贷进行监管时可以暂时使用商业银行的监管制度。高利率的民间借贷的风险也相对较高，加大监管力度，深入了解借款人的资金用途很有必要。民间借贷形式与种类十分多元化，监管时要采取差异化的监管策略，例如，亲朋好友之间的借贷应该减小干预力度甚至不干预，仅在双方出现纠纷时提供维权通道。中小企业内部集资活动确实存在一定的风险，但也是推动中小企业快速发展的重要途径。为了降低风险，相关部门可以加强事前监管。

对于民间金融监管来说，有中介组织参与的民间间接融资活动是重点监管内容。如果不进行监管，这类融资活动出现问题时往往会造成十分恶劣的社会影响。此外，金融活跃地区需要投入更多的监管资源，引进先进的技术、设备及系统，逐步建立覆盖全国的金融监测体系，全面把握民间金融的运行状况。

◆引导民间借贷资金流向

解决中小企业融资难问题，不仅要对银行等正规金融机构进行改革，更要充分利用民间借贷，对民间资本进行科学引导，使其服务于中小企业的融资需要，推动民间借贷规范化。民间借贷会对国家的宏观调控造成一定负面影响，例如，对于高污染行业，国家对相关企业的融资活动设置了较高的门槛，但大量民间借贷组织为高污染企业提供了低门槛融资渠道，不利于我国经济绿色健康发展。

所以，我国要对民间借贷进行引导、规范，扩大监管范围、加大监管力度，对高利贷、非法集资等行为进行严惩，同时要适度放宽对中小企业的融资限制，要求融资额度达到一定规模的民间借贷行为进行备案，通过正规金融机构监管体系对规模较大的民间借贷组织进行监管，防范洗钱、地下钱庄等金融违法犯罪活动引发的系统性风险。

◆拓宽中小企业融资渠道

中小企业自身存在的问题也是导致其陷入融资困境的一项重要因素，为了解决这一问题，中小企业应该提高自身的经营管理水平，完善企业规章制度，定期公布经营数据，提高企业公信力。

政府要拓宽中小企业的融资渠道，让中小企业通过民间借贷融资的同时可以借助银行等正规金融机构融资。同时，政府要支持鼓励民间担保基金，培育一批管理规范、业绩良好的民间信用担保机构，充分发挥其示范作用，为民间借贷行业健康、有序发展提供强大推动力。

我国要积极推进金融体制改革，鼓励互联网金融等新兴业态发展，从覆盖范围、总量等维度为中小企业信贷给予更多支持，转变民间投资领域“一刀切”的管理策略。银行应该充分认识到自身所扮演的中介角色的定位，为民间借贷双方提供对接服务，实时掌握民间借贷的整体状况，同时积极发展个人委托贷款业务，为大众提供多元化的投资渠道，降低资金风险，为中小企业提供资金支持。

◆建立民间借贷利率定价机制

民间借贷活动的利率普遍较高，高利贷时有发生。民间借贷的高利贷问题对经济社会的稳定发展造成了比较严重的负面影响。民间借贷已经形成了相对完善的产业链，有组织的民间借贷机构处于强势地位，承担风险相对较低，向其贷款的中小企业的合法权益得不到有效保护。所以，控制民间借贷利率、完善民间借贷利率定价机制显得尤为关键。

民间借贷为解决中小企业融资难问题提供了有效途径，但它的负面影响也不容忽视。因此，推动民间借贷健康稳定发展，加强对民间借贷行为的监管力度，引导民间投资规范化、契约化，拓宽中小企业融资渠道，应该成为我国金融改革的一项重要工作。

3.5　信用证融资的实务操作攻略

3.5.1　信用证融资的基本概念

信用证（Letter of Credit，L/C）是一种书面保证文件，申请人向银行提出申请，说明自己的要求，银行据此向申请人指定的第三方开具信用证。信用证具有一定的金额，持证人可以在有效期内凭有效单据付款。目前，在国际贸易中，信用证是非常常用的一种结算方式。除结算外，出口企业还可以利用信用证融资，加快企业资金流转速度。

如在交货前，出口企业可以将进口企业开具的信用证作为抵押物向出口地银行贷款，然后利用这些款项生产、收购、打包货物、组织运输。或者出口企业在收到进口企业开具的信用证后按照规定办理货物出运，向银行提交汇票与信用证规定的单据，通过叙做押汇获取贷款。或者出口企业买断未来的收款权，提前获取资金。

在国际贸易中，信用证融资是使用频率最高、使用范围最广的一款融资产品，其优点是能够让交易双方获得融资服务。对于银行来说，信用证融资的周转期较短，影响较大，能够获取较为丰厚的利润。在银行的各项业务中，贸易融资占据着重要地位。

◆信用证的特点与优势

具体来看，信用证的特点及优势主要体现在以下几个方面。

（1）信用证具有担保作用。

在国际贸易中，信用证是一种使用范围最广的支付方式，它让交易双方处于同等地位，带给他们"一手交钱、一手交货"般的安全感，为交易双方信任度低的问题提供了有效的解决方案。经过多年发展，信用证的使用程序越来越规范，相关法律越来越完善，具备其他结算方式不具备的优势，如具备担保作用。

（2）信用证以银行信用取代了商业信用。

信用证有银行做担保，开具证明的银行根据申请人（买方）的要求在规定时间内（立即或一段时间之后）向受益人（卖方）支付款项。受益人（卖方）通过向银行提交信用证中规定的单据获取款项。在这个过程中，信用证变商业信用为银行信用，从更大限度上保障了交易安全。所以，作为一种贸易融资工具来说，信用证更加安全、可靠，交易双方的接受度更高，而且能对整个交易过程进行有效监控，使贸易融资风险大幅下降，为国际贸易健康可持续发展提供了强有力的保障。

（3）开证行负有第一性付款责任。

开证行以自己的信用做担保负有第一性付款责任。只要受益人提交信用证规定的单据，开证行就必须付款，无论进口商是否付款。

（4）信用证是凭单付款，不以货物为准。

只要受益人提交的单据符合规定，开证行就必须付款。

（5）信用证是自足文件。

信用证是一个独立的文件，不受交易合同限制。信用证条款与银行条款是否一致，受益人提交的单据与合同要求是否相符，与开证行毫无关系。除此之外，信用证是一种单据化业务，信用证业务涉及的各方主体（银行、卖方、买方等）处理的都是单据，不是实体货物。

◆企业信用证融资对策

（1）企业还应着重练好“内功”。

企业要对自身的经营指标进行充分了解，如资产负债率、偿债能力等，其中偿债能力指的是流动比率、速动比率等。只有借助这些指标，银行才能对企业的经营状况、融资风险做出有效判断，而判断结果则与这些指标的质量密切相关。

（2）加强财务风险管理。

企业要构建风险评级与预警机制，克服信息不对称带来的不良影响，对客户的财务情况、经营状况做出全面了解，对财务操作流程进行有效规范，进而保证资金安全。

（3）围绕企业发展高效应用信用证融资。

从事进出口贸易的中小企业要以企业自身的发展为中心开展信用证融资，从而规避各种风险，为企业理财指明方向。另外，企业要与各种规避风险的业务相结合，获得高效的资金服务。

3.5.2　信用证融资贸易方式

◆向进口商提供的贸易融资方式

（1）提供信用证融资额度。

为了让进口商更方便地融资，银行会对一些信誉较好、业务往来频繁、有一定清偿能力的顾客提供一定的授信额度或开证额度，让客户可以循环使用。进口商在开具信用证时只需按照比例缴纳一定的保证金，无须缴纳全部款项，中间的差额可以用授信额度抵偿，从而减少资金占用，提高运营效率。

（2）担保提货。

如果进出口企业的距离比较近，货物先于单据到达，为免交滞港费，加快资金周转，开证银行可以凭借提货担保书先从船运公司提货，并向船运公司承诺赔偿其损失。待单据到达后，再用正本提单换取提货担保书，并将其注销。通过这种方式，进口商不仅可以减少不必要的开支，还能避免延期提货、货物质变带来的损失。待单据到达后，无论单据是否存在与信用证不符的地方，银行都必须如约支付。

（3）进口押汇。

根据即期信用证项，开证行收到进口单据之后对其进行审查，如果单据和信用证的规定相符，或者单据与信用证有不符之处，但进口商与开证行都认可，根据进口商的要求，对于银行垫付的款项，申请人可以日后偿还。进口押汇业务中的单据释放方式有三种：一是凭借信托收据放单，二是凭借进口押汇协议放单，三是申请人偿还完银行垫付的款项后放单。

（4）承兑信用额度。

根据远期信用证项，开证行收到单据对单据进行审查，如果单据与信用证的规定相符，或者单据与信用证的规定不符，但进口企业与开具信用证的银行都愿意接受，开证行可以利用自己的信用承诺在未来某个日期向受益人支付款项，当然这个日期必须提前确定。

◆向出口商提供的贸易融资方式

（1）打包放款。

在提供货运单据之前，出口商利用供货合同和国外银行开具的受益人署名是自己的信用证向当地银行作抵押，获取出口商品进货、生产、装运所需资金。

（2）票据贴现。

根据远期信用证项，出口商发货，从开具信用证的银行或其他付款人手中获取承兑汇票，到当地银行以折扣价格将汇票兑换为现金。利用这种票据贴现的融资方式，银行可以对已经贴现的票据进行追索。

（3）出口押汇。

出口商向日常往来银行或信用证指定银行提交出口议付单据，从议付日到预计收汇日产生的利息与手续费由银行自动扣除。银行先向出口商支付净额，并保留有对出口商的追索权。

（4）福费廷。

福费廷也叫“包买票据”，指的是在真实的贸易情境中，包买银行根据客户（信用证受益人）或其他金融机构的要求，在开证行、保兑行或其他指定银行对信用证项下的款项做出付款承诺后，对应收款进行无追索权的融资。

（5）利用出口信用保险融资。

出口信用保险是一种政策性保险，其目的是鼓励企业扩大出口，为企业出口收汇安全提供强有力的保障。信用证保险是出口信用保险的一种，可以承包出口企业用信用证支付产生的收汇风险，保证出口企业按照规定提交单据之后可以如期收到账款。如果因政治风险、商业风险，出口企业没能如期收到账款，该机构会弥补其损失。同时，对于购买了出口信用保险的企业，银行会为其提供相应的融资服务。

3.5.3　针对买方的融资产品

未来，随着国内信用证广泛应用，市场上将出现更多新型的融资模式，推动贸易融资快速发展。

作为国内贸易领域一种重要的结算方式，国内信用证与银行承兑汇票、国内保理处在同等重要的地位，不仅可以解决买卖双方的信任问题，而且可以满足企业的结算融资需求，为国内贸易的发展产生积极的推动作用。2016年4月27日，中国人民银行、中国银行业监督管理委员会公布实施新版《国内信用证结算办法》，为国内信用证业务的发展提供了科学指导。随着国内信用证市场需求不断变化，银行产品的创新力度持续提升，国内信用证业务突破了开证业务的限制，衍生出很多新型的融资产品。

从买方市场看，国内信用证领域的融资产品大致包括以下几种。

国内信用证可以为买方提供的融资产品主要有两种，一种是国内信用证买方融资，一种是买方代付。其中买方融资指的是银行为买方提供的贸易融资，并结合买方的销售回款周期约定融资款项及相关利息的偿还时间，其目的在于帮助买方履行付款责任。如果买方出现临时性的资金短缺，没有能力按期支付贸易款项，而卖方却要求买方按期付款，在这种情况下，买方融资可以很好地帮买方解决资金短缺问题。

除了直接为买方提供融资外，银行还可以通过同业代付的方式为买方办理融资，以便企业能够降低融资成本。一直以来，因为代付业务在银行的资产负债表表外核算，不会过多地占用银行表内信贷资产，所以该项业务发展速度极快，并在2010年至2011年达到了顶峰。2012年，银监会发布《关于规范同业代付业务管理的通知》(即237号文)，要求“委托行将代付业务纳入表内核算”，导致代付业务规模在极短的时间内大幅缩水。

2013年6月，银监会要求将国内信用证偿付、再保理等“新型代付业务”转入表内核算；2014年，银监会发布《关于规范金融机构同业业务的通知》，明确提出“同业代付原则上仅适用于银行业金融机构办理跨境贸易结算”“委托方不得在同一市、县有分支机构的情况下委托当地其他金融机构代付，不得通过同业代付变相融资”，对国内信用证代付业务做出了进一步限制，导致该业务规模进一步缩水。目前，国内各银行均通过自有资金为客户办理买方融资业务。

3.5.4 针对卖方的融资产品

从卖方的视角看，国内信用证可以为其提供的融资产品包括贴现、议付、福费廷及打包贷款，其中福费廷分为直接福费廷和转卖福费廷。这些业务经过多年发展早已为人熟知，这里不再进行详细讨论。下面我们对国内信用证卖方融资领域出现的一些新模式进行详细探究，这些新模式源于银行从自身需求出发，结合客户需求所做的产品创新，包括收益权转让、买方付息福费廷、代理式福费廷，具体分析如下。

◆产品一：收益权转让

在银行针对买方融资创造的新产品中，收益权转让发展得较为成熟，而且实现了广泛应用。收益权转让是按照国内信用证福费廷的原理，对国内信用证项下的债权进行结构化包装，衍生出的一种与同业业务相关的交易模式。

收益权转让的基本模式是由券商发起定向资产管理计划，一家银行无追索权地受让金融资产的收益权，同时委托另一家银行负责做好资产托管、文件审核与保管等工作。这里的金融资产指的是国内信用证项下的应收账款，涵盖了票据或其他金融资产。信用证到期后，由开证银行将相关款项转入券商在托管行开设的账户，用于偿还前期在该资产管理计划中投入的资金。

收益权转让涉及的金融资产收益权转出行、券商及托管行要签署三方收益权转让协议。一般来说，买断行（即上述金融资产收益权转出行）为节约资金会针对单笔业务制定资产管理计划，在券商的资金到位后再为受益人办理福费廷。需要注意的是，银行无追索权与福费廷相似，存在例外情况。如果法院发出止付令，或者开证行认为存在单据造假或者伪造合同等行为并且拒绝付款，券商依然享有对买断行的追索权。虽然这种模式借鉴了福费廷转卖，但由于资金来源不同，这种模式可以获得更好的资金成本，再加上券商可以对资产进行包装，同业业务属性和特征非常明显。

◆产品二：买方付息福费廷

买方付息福费廷是以传统福费廷为基础，以更加灵活的方式对融资利息承担方式进行安排。在这种模式下，作为福费廷申请人的卖方（国内信用证受益人）应该主动承担融资利息，但如果卖方在谈判过程中处于优势地位，希望货物发出后能够立即收回款项，并且不承担融资利息，但买方因为资金短缺无法立即付款，为了完成交易，买方可以承担融资利息。福费廷融资行扣除应收的买断利息之后，将剩余款项和买方支付的融资利息一起交给受益人，实现卖方的全额到账。

◆产品三：代理式福费廷

前面两种方式都需要受益人先将国内信用证项下的应收账款债权转让给一家银行，再由这家银行在二级市场上进行二次转让，代理式福费廷则无须如此。在该模式下，受益人银行作为代理人扮演着中间商的角色，可以直接将信用证项下的债权在二级市场转让。这种模式与传统的福费廷模式存在很大区别，代理银行不先行受让债权，自然也就无须承担开证行和受益人的风险，只要扮演好中介的角色即可。所有的风险由买方承担，如果开证行拒绝付款，买方可以直接向受益人追求索赔，代理行只需要做好协助即可。

3.5.5　信用证融资组合模式

◆产品一：国内—进口背对背信用证

国内—进口背对背信用证指的是根据企业的货物运转与资金流将国内信用证和进口信用证相结合，打通国内、国外的贸易流程，满足企业从进口到内销整个过程的结算、融资需求。在这种模式中，进口商占据着核心地位，是最终受益人，先由国内下游厂商通过银行出具国内信用证，然后由该银行或者其他银行根据国内信用证出具进口信用证，用来进行海外采购。

如果进口商在采购商品之前在国内有明确的销售渠道，往往会采用这种模式。例如，一些外贸批发企业或代理公司，在国内有固定的销售渠道；或者一些大型企业的对外采购平台，将在海外市场采购的商品销售给内部关联企业，也可以视为有固定的销售渠道。

国内—进口背对背信用证模式的成功有两个必备条件：第一，国内信用证与进口信用证的单据和资金必须在银行内部流转，形成闭环；第二，进口信用证开证行收到进口信用证项下单据之后要迅速开单，按照国内信用证的要求对单据进行转换，保证国内信用证开证行可以先行确认、到期付款。如果前期办理的是即期进口信用证，进口商就可以办理国内信用证债权贴现，用于支付进口信用证款项；如果前期办理的是远期进口信用证，开证行可以进行承兑。

进口信用证的开证行收到单据后必须在5个工作日内做出答复，因为国内信用证开证行要在此期间确认到期付款，所以在开具国内信用证和国外信用证之前要明确整个开证流程，了解相关单据要求，尽量选择同一家银行开具两种信用证，以节省时间。

如果能够做到以上两点，借助这种模式，银行可以对企业的内外贸流程进行全面把控，有效防范相关风险。有了国内信用证开证行的信用增级，银行在开具进口信用证时可以采取风险较低的授信方式，一方面有效把控风险，另一方面解决企业授信的瓶颈问题。

◆产品二：国内信用证质押再融资

国内—进口背对背信用证将国内信用证与进口信用证作为结算方式，只适合下游固定，均将信用证作为结算方式的情况，对这两种信用证的单据衔接与关键节点的时间有着较高要求，在实际应用过程中会受到很多限制。为了进一步拓展国内信用证的应用范围，下面我们对国内信用证质押再融资模式进行详细探究。

国内信用证质押再融资模式指的是国内信用证受益人将国内信用证项下已经确认到期付款的应收账款质押给银行办理融资的一种模式。融资产品包括开立国内信用证或者进口信用证、开立有明确到期日的保函、打包贷款、进出口押汇、代付代偿等。

将国内信用证质押再融资与银行承兑汇票质押放在一起进行比较可以发现一些相似之处，它们都是基于开证行的同业授信为国内信用证受益人办理融资，不同之处在于国内信用证质押再融资模式不是只针对单笔信用证项下的基础贸易和相关单据办理融资，而是将开证行已经确认付款的国内信用证项下的应收账款作为防控风险的一种方式，如果融资申请人到期违约，国内信用证开证行要代替申请人还款。在这种低风险模式下，银行可以占用企业的低风险授信额度或专项授信额度为其办理融资。

在实际操作过程中，国内信用证质押再融资模式要将关注点放在应收账款是否具备质押条件方面，包括国内信用证已经明确到期付款，并且规定了付款到期日；应收账款在人民银行征信系统中做了登记，不会发生重复质押问题；融资申请人必须是国内信用证的受益人。

3.6 企业融资租赁实务操作与方略

3.6.1 融资租赁的特征与分类

在目前的债务融资类型中，融资租赁（Financial Lease）被认为是一种基础且通用的非银行金融形式。融资租赁指的是出租人根据承租人对所需设备的具体要求选择合适的供货方，向供货方购买相应的设备，并租给承租人使用的一种金融形式。

融资租赁模式涉及三方当事人，即出租人、承租人和供货方。这三方当事人共同参与的融资租赁活动需要签订两种合同，一种是出租人与供货方签订的供货合同，一种是出租人与承租人签订的租赁合同。根据供货合同的约定，出租人向供货方购买承租人指定的设备；根据租赁合同的约定，承租人向出租人支付设备租金后，在租赁期内承租人享有设备的使用权，出租人享有设备的所有权。

租赁期结束后，如果承租人已经根据合同约定支付租金并且履行了所有义务，对于未能通过约定进行明确的设备的归属问题可以通过补充协议进行约定；

如果无法达成补充协议，而且不能通过交易习惯或合同相关条款进行明确，设备的所有权仍然归出租人所有。

从以上关于融资租赁的介绍中不难看出，融资租赁作为一种新型的金融产业，集融资、融物、技术更新以及贸易等事项于一体。由于融资租赁将融资与融物相结合，所以在出现某些情形时，出租方可以根据需要将已经出租的设备进行回收和处理。因此，融资租赁是一种十分适合中小企业的融资形式。与其他的融资方式相比，融资租赁不仅融资方式比较灵活，而且能够持续的期限较长，还款方式也不会带来太大压力。中小企业采用融资租赁能够获得的可支配资金的使用期限长达三年，比一般的银行贷款更具有优势。在还款方面，企业可以根据自身的承受能力进行分期还款，不会因为短期的资金压力导致资金链断裂。

不过，这并不意味着融资租赁方式对所有的中小企业都适用。相对而言，融资租赁对两种类型的生产、加工型中小企业较为理想：其一，企业为了扩大销售渠道需要购买设备扩大生产规模；其二，企业市场前景良好但出现了暂时的困难。

◆融资租赁的主要特征

融资租赁的特征主要体现在五个方面，如表3–15所示。

表3–15　融资租赁的主要特征

序号	主要特征
1	出租人根据承租人的具体需要购买相关的租赁物并租赁给承租人使用，在租赁合同约定的租赁期内，相关的租赁物只能租给一个承租人使用
2	出租人不需要针对租赁物采用的技术以及质量等对承租人进行担保，承租人在收到租赁物后需要自行验收
3	出租人拥有租赁物的所有权；承租人不仅需要在合同约定的租赁期间支付租金并享有租赁物的使用权，而且需要负责对租赁物进行必要的保养、维修等操作
4	租赁合同签订后，出租人和承租人任何一方都无权单方面撤销合同，无故毁约需要支付较大金额的罚金。当租赁物被证明已经不具有使用价值的情况下，租赁合同可以中止
5	在合同约定的租赁期结束后，承租人可以退租也可以留购。如果选择留购，具体价格需要由出租人和承租人商定

◆融资租赁的类型划分

从理论上来讲，融资租赁模式可以按照以下三种方式进行分类。

（1）按照租赁目的与投资回收方式划分。

按照租赁目的与投资回收方式，融资租赁可以分为融资性租赁与经营性租赁两种模式。

融资性租赁可以称为金融租赁，指的是当事人约定由承租人选定第三方供货人，出租人按照承租人的要求向第三方供货人购买指定设备。承租人向第三方供货人支付租金，获得设备的使用权。在长期租赁过程中，承租人通过收取租金的方式收回全部投资或者大部分投资。

经营性租赁指的是出租人在短期内向承租人出租设备，并向承租人提供设备保养维修服务。在这个过程中，承租人可以随时解约。在这种模式下，出租人想要收回租赁设备的投资，需要不断地向不同的承租人出租设备。

（2）从征税角度划分。

从征税角度看，融资租赁可以分为节税租赁和非节税（销售式）租赁两种模式。

节税租赁指的是可以享受税收优惠的租赁，又称为真实租赁。非节税租赁指的是不能享受税收优惠的租赁。这种融资租赁模式划分的依据是政府设置的节税条件，目前主要在美国应用。

（3）按照出资比例划分。

按照出资比例，融资租赁可以划分为单一投资租赁和杠杆租赁。

单一投资租赁是一种比较传统的租赁方式，指的是出租人独自承担购买租赁设备的所有投资额。

杠杆租赁指的是出租人出资全部设备金额的20%~40%，就可以获得设备的所有权，享受100%的设备投资优惠，剩余的资金可以通过设备抵押的方式向银行等金融机构贷款。贷款需要以设备和租赁费为保证，同时需要出租人以设备第一抵押权和设备租金受让方为担保。凭借费用低、综合效益好、可以享受税收红利、租金回收安全等优点，这种模式在飞机、轮船、通信设备和大型成套设备的融资租赁中得到了广泛应用。

3.6.2　融资租赁的九大业务模式

◆直接融资租赁

直接融资租赁指的是承租人选择租赁设备，出租人对承租人的信誉、资金情况等进行评估，确保该租赁项目属于低风险项目之后将设备租赁给承租人。在租赁期间，承租人享有设备的使用权，负责对设备进行维修保养，并承担设备折旧。这种模式主要适用于固定资产、大型设备购置，企业技术改造与设备升级。

◆售后回租

售后回租指的是承租人向出租人出售自制或者购买的资产，然后与出租人签订租赁协议，将资产租回并使用。在这种模式下，租赁资产的所有权从承租人转移到出租人，承租人只享有使用权。租赁期满，承租人有两种选择，一是继续租赁，二是按照约定价格回购资产。返还式租赁强调租赁融资功能，不太注重租赁的促销功能，可以看作银行的抵押贷款业务。在这种模式下，承租人可以让现有资产流动起来，快速筹集资金，助力企业快速发展。这种模式适用于三类企业，一是缺乏流动资金的企业，二是有新投资项目但缺乏自有资金的企业，三是资产可以快速升值的企业。

◆转租赁

转租赁指的是以同一个物件为标的物的融资租赁业务，简单来说就是A承租了某设备，再将该设备出租给B。在这种业务模式中，A既是承租人，也是出租人，称为转租人。转租人从出租人手中租入某设备，再将设备出租出去，收取租金差，设备的所有权归出租方所有。一般来讲，转租至少涉及四个当事人，包括设备供应商、出租人、转租人、承租人，至少要签订三份合同，分别是购货合同、租赁合同和转让租赁合同。

这种模式主要在国际进行，与简单的融资租赁模式没有太大区别。由于转租方租赁设备的过程是在金融机构间进行的，根据购货合同确定融资金额，购买租赁物件的资金运行与最终承租人没有直接关系。这种模式操作起来非常灵活，租赁公司甚至可以将购货合同作为租赁资产签订转租赁合同。因为租赁公司不是设备的最终使用者，所以不需要承担设备折旧产生的任何费用。

◆委托租赁

委托租赁指的是资金或设备的所有人委托非银行金融机构开展融资租赁业务。在这种模式下，第一出租人是委托人，第二出租人是受托人。受托人按照与委托人签订的委托协议，承接委托人的资金或租赁标的物，向委托人指定的承租人办理融资租赁业务。

在租赁期间，租赁标的物的所有权归委托人所有，受托人只负责租赁业务，收取手续费，不承担任何风险。通过委托租赁，没有租赁经营权的企业可以"借权"经营。通过租赁标的物的所有权与使用权分离，企业可以规避政策限制，享受加速折旧带来的利益。

◆风险租赁

风险租赁指的是出租人利用债权租赁与投资的方式向承租人出租设备，获得租金或者股东权益收益。其中租金是主要回报，一般会占到全部投资的50%；其次是设备的残值回报，一般会占到全部投资的25%左右，这两项收益比较稳定。其他的收益则按照约定，在一段时间内按照约定价格从承租人手中购买普通股权。借助这种模式，高科技、高风险产业可以吸引投资。

出租人以融资租赁的方式将设备出租给承租人，根据设备成本获取股东收益。从本质上看，这就是一种以股东权益代替租金的新型融资租赁形式，出租人作为股东可以参与承租人的经营决策。风险租赁具有其他融资租赁方式不具备的优点，可以满足出租方与承租方不同的风险偏好与收益偏好。

（1）对承租人的有利之处。

对承租人而言，风险租赁模式具有的优势如表3–16所示。

表3–16　对承租人的有利之处

对承租人的有利之处	具体体现
较好的融资渠道	在风险租赁模式中，由于承租方是经营时间较短、资金储备不足的风险企业，很难获得银行贷款，融资渠道比较少，融资成本比较高。所以，风险租赁为其提供了一条不错的融资渠道
转移风险	承租人可以将股东权益的部分风险转移给出租人，即便出租人无法凭借股权获取任何收益，也不能要求其他的补偿。如果承租人向银行申请抵押贷款，经常被要求用公司全部资产做抵押。如果承租人无法按时偿还贷款，可能无法继续生存发展。但在风险租赁模式中，承租方只需要以租赁的设备作担保，承担的风险要小很多
提高投资回报率	公司管理者一般是基于投资回报率获取报酬，通过风险租赁可以减少公司的投资额，提高投资回报率，为管理者带来更高的收益
较少的控制	在风险租赁模式下，出租方一般不会高度介入承租方的经营管理，即便派代表进入董事会，也不会索要投票权。凭借这一特点，风险租赁模式得到了很多公司的青睐

（2）对出租人的有利之处。

虽然承租方是风险企业，出租方要面临一定的风险，但也能获得不错的收益，具体如表3–17所示。

表3–17　对出租人的有利之处

序号	具体体现
1	如果承租方的经营状况比较好，可以带给出租方比较高的股权溢价收益，比一般的租赁交易收益高5%~10%，甚至更高
2	随着承租方的经营状况越来越好，成功上市之后，出租方可以将持有的股权卖出获取收益，也可以继续持有股权获取股利收益
3	如果承租方经营失败，破产解体，出租方可以通过处置租赁设备获得一定的补偿。而且，在风险租赁模式下，出租方一般不止一个，不会因为某一个承租方破产受到巨大损失
4	风险租赁扩大了出租方的业务范围，在一定程度上提升了出租方的竞争力，扩大了出租方所占的市场份额

◆项目融资租赁

项目融资租赁指的是承租人以项目自身的财产与效益为担保，与出租人签订项目融资租赁合同。出租人根据项目产生的现金流量与效益收取租金，对于与项目无关的财产与收益不享有追索权。这种模式的适用范围较广，通信设备、大型医疗设备、运输设备甚至高速公路经营权都可以通过这种方式租赁，租赁物品生产商可以通过自己控股的租赁公司推销产品。

在这种模式下，如果项目经营失败，或者承租人的信誉不好，出租人可能要承担无法收回租金的风险。为了防范风险，出租人可以采取以下措施。

（1）做好项目评估。在签订项目融资租赁合同之前，出租人要对项目进行全方位评估，包括对项目未来的盈利能力进行预测，对承租人支付租金的能力进行评估，对项目预期的收益率进行预测，保证能够收回租金。

（2）灵活设计租金。出租人在计算项目租金时要对项目现金流与可能面临的经营风险进行全面考虑，保证项目租金能够顺利收回。

（3）对项目经营期的财务状况进行监控。在项目经营期间，出租人要对项目的经营状况，尤其是财务状况进行实时监控。如果承租人没有按时支付租金，出租人要及时了解原因，判断是因为项目经营不善，还是承租人的信誉问题，防止承租人故意拖欠租金或者不支付租金的情况发生。

项目融资租赁涉及的主体比较多，不仅包括出租人、承租人，还包括租赁项目建设的设计承包商、施工承包商、监理承包商、设备供应商以及贷款融资的银行等金融机构，实施阶段涵盖了项目融资建设、租赁、移交三个阶段，操作模式比较复杂，适用范围并不广。

◆捆绑式融资租赁

捆绑式融资租赁是融资租赁业务模式创新的成果，又被称为“三三融资租赁”，是指承租人支付的保证金与首付款大于等于租赁标的价款的1/3，厂商在交付设备时大约能获得1/3的货款，余款在一半租赁期限内分批支付，租赁公司的融资强度大约为1/3。在这种模式下，厂商、出租方、承租人均承担一定的风险，改变了过去出租人独自承担风险的局面。

◆结构化共享式租赁

结构化共享式租赁指的是出租人按照承租人的要求，向指定的供货商购买指定的租赁物，将其出租给承租人使用，按照约定收取租金。其中，租金是根据租赁物投入生产后所产生的现金流计算出来的，租赁收益由出租人与承租人共享。在这种模式下，租金分成包括三部分，一是购置成本，二是相关费用，三是项目预计收益由出租人分享的部分。

结构化共享式租赁模式主要适用于合同金额较大、周期较长、预期收益较好的项目，包括通信、港口、电力、城市基础设施项目、远洋运输船舶等。以PPP项目中的结构化共享式融资租赁模式为例，具体包括表内直投模式、表外直投模式、债转股模式等。

◆结构式参与融资租赁

结构式参与融资租赁是一种建立在传统风险租赁与行业特性基础上的新型融资租赁方式，主要目的是推销。这种融资租赁模式的特点主要表现在以下四个方面：第一，融资不需要担保，出租人主要是供货商；第二，不约定固定租金，按照承租人的现金流折现计算融资回收；第三，租金不固定；第四，出租人不仅可以获得租赁收益，还能获得部分年限参与经营的营业收入。

结构式参与融资租赁涵盖了三个阶段，分别是注资、还租和回报。在注资阶段，资金按照常规融资租赁模式下的资金注入方法注入；在还租阶段，项目现金流量按比例分配给出租人与承租人，如40%由承租人留用，剩下的60%作为租金支付给出租人；在回报阶段，租赁成本冲减完之后，出租人可以获得一定年限的资金回报，回报率按照一定的比例从现金流量中抽取。回报阶段结束之后，出租人将租赁物件的所有权转交给承租人，项目融资租赁宣告结束。

3.6.3 融资租赁项目评估的意义

融资租赁项目评估指的是在融资租赁项目开始前对项目建议书与可行性报告进行评估，防范融资租赁风险。过去，人们不太重视项目评估，在项目评估过程中掺杂一些指令性因素和情感因素，导致项目评估流于形式。在过去几十年间，因为不重视项目评估导致融资租赁失败的案例比比皆是。如果不改变这种观念，国内的融资租赁业务将变得寸步难行。

在投资领域，项目评估非常重要，不仅是投资人决策的重要依据，还是项目管理的重要手段。在计划经济年代，人们大多比较重视决策，忽略了管理，使得融资租赁项目在调查阶段的很多数据来源没有根据，导致决策失误，项目执行期间更是缺乏管理。由于人们只将项目评估视为融资过程中的一个流程，不了解项目评估的真正内涵，不注重项目评估的作用，在实际投资决策中没有发挥出项目评估结果的指导性作用，导致很多投资以失败告终。这种情况在中小企业融资租赁领域的典型表现就是坏账增多，给国家金融秩序造成了严重不良影响。因此，对于融资租赁来说，做好项目评估意义重大，具体表现在以下三个方面。

◆帮助融资租赁企业摆脱困境

目前，我国很多租赁公司面临着租金难回收的问题，导致这种问题发生的原因主要表现在两个方面：一方面，社会客观环境的影响，包括人们对融资租赁项目评估的认识不足，国家层面缺乏配套的法律法规与管理制度，我国金融秩序的调整没有进入正轨，全国性经济紧缩等；另一方面，整个融资租赁行业没有形成强烈的责任意识与风险意识，经验薄弱，没有建立完整的、科学的项目评估体系，不仅要面临较高的风险，而且收益率较低，发展艰难。做好项目评估可以帮助融资租赁企业摆脱这一困境，降低风险，提高收益，实现更好的发展。

◆提高收益，降低风险

对于现阶段的融资租赁企业来说，对融资租赁项目进行科学评估与管理，可以将其经济效益与社会效益充分发挥出来，实现正常运营。中小企业融资租赁与投资一样，不仅要考虑效益，还要考虑风险。为了提高收益、降低风险，承租人与出租人要从多个层面，采用多个变量对项目的现状与未来进行评估。其中，承租人进行项目评估的主要目的在于对预期收益进行评估，尽可能地规避投资风险；出租人进行项目评估的主要目的在于对承租人的还款能力、负债能力、资金回收的安全性、项目的可行性等内容进行评估，降低租金回收风险。

◆项目评估管理

项目评估要贯穿于项目开展的全过程。在立项初期，通过项目评估发现问题，及时进行调整，可以有效规避风险；在项目开展的过程中，每个环节都要与评估结果进行比较，对企业的经营状况进行调整，及时了解新情况、发现新问题，采取措施进行有效应对。在项目评估管理的过程中，要将项目评估、评估决策、业务操作分开，让它们相互监督、相互制约，最大限度地降低项目评估风险。

3.6.4　融资租赁项目评估的基本程序

在融资租赁项目立项的同时就应该启动项目评估，在项目评估过程中要不断调整租赁条件，对项目可行性进行评估，选到真正合适的项目，降低融资租赁的风险。具体来看，项目评估步骤大致如下。

◆双向选择合作伙伴

在立项初期，企业要尽量与多家租赁公司对接，了解租赁费用与条件，对租赁公司的成本、服务、资信进行评估，选择成本更低、服务质量更好、资信更加可靠的租赁公司合作。租赁公司要对企业的经济实力、资信、债务负担、营销能力、还款能力进行评估，选择与在这几个方面表现较好的企业合作。只有出租方与承租方相互信任，才能对项目做出科学评估。

◆项目初评

租赁公司以企业提交的立项报告、项目建议书与其他资料为基础，通过面对面商谈了解项目的基本情况，将获取的数据与同类项目的历史数据进行对比，通过简单估算完成对项目的初步评价。如果租赁公司判定项目可行，可以要求企业编制可行性报告，进入项目审批环节。

◆实地考察

通过初评之后，租赁公司要组织团队前往企业进行实地考察，对企业的经营能力、生产能力、技术水平、管理水平、项目所在地的工作环境、社会环境、企业的财务状况等做出全面了解，一些重要事项要掌握第一手资料。在这个过程中，企业要积极配合，保证提供的材料的全面、真实。

◆项目审批

租赁公司对企业提供的资料、实地考察报告、项目的可行性报告等进行整合，从动态与静态、定性与定量、经济与非经济等角度进行分析，对项目的可行性与所面临的风险进行全面评价，决定是否开展项目，并对项目的风险利差进行预测。如果判定项目可行，且项目风险可以接受，就可以编制项目评估报告，办理立项审批。

◆合同签约

项目通过审批之后，租赁公司收到企业的租赁项目委托，就可以着手办理租赁物品的购置手续，与企业签订租赁合同，与供应商签署购货合同，根据项目的可行性报告制定合同价款与租赁条件。合同签订之后，租赁公司可以根据项目评估结论对项目进行优化管理。

◆项目后管理

只有做好项目后管理，租赁公司才能安全收回租金。在项目执行过程中，承租人要经常将企业的实际经营状况与可行性报告放在一起进行比较，对经营策略进行调整，以达到预期的经营目标。出租人也要实时了解承租人的经营状况，将其与评估报告放在一起进行比较，及时发现问题，采取有效措施，保证租金可以安全收回。

3.6.5 融资租赁项目评估的主要内容

因为项目的可行性报告已经对企业的财务状况做了详细分析，所以项目评估的内容主要包括以下几点：评定风险、经济担保、核实数据来源、落实未确定因素和判定企业信用等级。

◆评定风险

出租人能否安全收回租金，关键取决于承租人的偿还能力。在融资租赁过程中，出租人面临的最大风险就是承租人没有能力偿还租金。目前，出租人评定项目风险的主要办法就是了解项目真实的经济效益，让承租人提供有效的经济担保。在现实生活中，导致租金无法正常回收的因素有很多，大致包括偿还能力风险、债务风险、利率汇率风险、经营风险、市场变化、环境污染、政策调整、产业结构匹配以及其他不可预测的因素等。为了规避这类风险，出租人要基于调查研究结果进行综合分析。

◆经济担保

承租人的风险等级在很大程度上取决于其经济担保能力。按照风险程度，经济担保能力可以划分为以下几个级别。

A级：银行担保。目前，我国的银行正在向商业银行转型，可以为企业提供经济担保。对于承租人来说，获得银行担保是对其经济实力最好的证明。需要注意的是，提供担保的银行的级别应该与承租人融资租赁的规模相匹配。融资租赁的规模越大，担保银行的级别应该越高。如果承租人引入外资，提供担保的银行不仅要与融资规模相匹配，而且要有外汇管理局批准的外汇担保业务。一般来说，只有省级银行才能满足这些条件，单个项目的担保金额为300万~500万美元。

B级：房地产抵押担保。房产指的是有合法手续，可以出售的商品房产。地产指的是与房产有关的土地，单独的地产不能作为资产进行抵押。房地产在抵押之前，必须经过会计师事务所评估，办理法律公证，并且其资产净值必须高于租金总额。

C级：有价证券抵押担保。这里的有价证券指的是国债以及上市后具有变现能力的债券或者各类票据。需要注意的是，股票因为面临的风险太大，所以不能用于抵押担保。另外，有价证券用于抵押担保，担保额一般会根据其信誉程度打折计算。

D级：大型企业担保。这类企业的担保能力必须得到租赁公司的认可，企业具有一定的知名度，并且资信良好。在担保之前，担保企业要向租赁公司提交3~5年的财务报表。租赁公司在对报告进行诊断分析之后才能接受其担保资格。企业担保的办理手续比较复杂，业务活动范围比较小。无论采取什么担保方式，都要在担保函中明确规定“经济担保人是债务第一追索人”，落实担保人的还款责任。

◆核实数据

项目评估必须以真实客观的经济数据为基础，必须对数据来源的可靠性与权威性进行核实，要核实的数据主要包括以下几种类型。

（1）租赁项目占投资总额的比例。

为了保证租赁项目能够正常开展，承租人为租赁物品准备的资金应该比物品概算成本高出1~2.5倍。为此，出租人要了解承租人筹措资金的能力，明确资金来源。如果该地区实行贷款证制度，还要明确企业的贷款规模与负债比例。

（2）企业资信能力。

核实企业的资信能力要做到以下几点：第一，对企业近几年的财务报表和相关明细表进行分析，了解企业的经营状况；第二，了解企业的存货结构与应付款项，据此判断产品的销售情况以及企业的债务拖欠情况；第三，分析产品的市场周期处于什么阶段，是上升阶段、发展阶段还是下降阶段；第四，对企业的资产负债比例、短期与长期负债比例进行计算，据此判断企业的还债能力。

在核实数据的过程中，与财务报表有关的数据要查询相关凭证，社会收益率等公开数据要核实来源，应该来自政府部门及权威管理部门。

◆查找、转换不确定因素

不成熟的市场存在很多不确定因素，在这些因素的影响下，项目评估的工作量比较大，而且开展起来比较困难。租赁公司在项目调研的过程中要全面搜集这些不确定因素，采取概率论、数理统计等方法寻找不确定因素的规律，发现其变化趋势，通过签署书面文件等方式将部分不确定因素转化为确定因素，如针对一些口头承诺签署承诺书与意向书等。

◆判定信用等级

租赁公司对承租人的信用等级进行判断，就是对承租项目的风险进行判断。租赁公司可以通过项目评估判定企业的信用等级，根据信用等级的高低决定是否继续推进项目，并对项目租赁利差幅度做出准确判断。

目前，我国各级市场都不太成熟，市场机制也不健全，有很多不确定因素会对融资租赁项目造成影响，在这种情况下，项目评估必须结合我国的实际情况，了解当地投资的软环境与硬环境，判断项目是否属于国家重点支持领域；了解产业结构的区域性特点；判断企业现有人员对项目的了解程度；了解租赁合同担保资金、配套资金的贷款情况，原材料供应和产品销售市场的可靠程度。

如果项目涉及的范围比较广，要争取获得政府支持；如果承租人指定供货商，租赁公司要对供货商的资信进行调查。另外，因为融资租赁项目评估涉及很多专业与学科，为了保证评估结果的客观性、科学性，评估人员的构成必须专业、合理，专业问题要向专业人士请教，数据处理要利用计算机进行，采用专家咨询、技术论证与公司科学管理相结合的模式，减少甚至消除人为因素对项目评估的干扰。

第4章　IPO上市篇

4.1　境外资本市场及企业上市条件

4.1.1　美国资本市场

目前，美国资本市场的规模以及成熟度在世界排名第一，纽约是公认的世界金融中心，汇聚了世界上绝大多数游资与风险基金，股票总市值占到了全世界的一半，季度成交额在全球季度总成交额中的占比超过了60%。

美国证券市场表现出立体多层次的特点，不仅有两个大型的证券交易所——纽约证券交易所（NYSE）和美国证券交易所（AMEX），还有世界上最大的电子交易市场——纳斯达克自动报价与交易系统（NASDAQ），以及很多柜台交易市场，例如柜台电子公告榜（OTCBB）等。不同的市场可以为不同类型的企业服务，只要企业满足某一个市场的上市条件，就能向美国证监会提交上市申请。基于这一特点，美国证券市场可以满足多种多样的融资需求。

◆美国上市的条件

不同的证券交易市场对企业上市有不同的规定，下面我们对纽约证券交易所、美国证券交易所、纳斯达克全国板股市、纳斯达克小板股市的上市条件进行具体分析，如表4-1所示。

表4–1 美国不同证券交易市场的上市条件

	纽约证券交易所	美国证券交易所	纳斯达克全国板股市	纳斯达克小板股市
净资产	4000万美元	400万美元	600万美元	500万美元
市值（总股本乘以股票价格）	1亿美元	3000万美元		3000万美元
最低净收入				75万美元
税前收入	1亿美元（最近2年每年不少于2500万美元）	75万美元	100万美元	
股本		400万美元		
最少公众流通股数	250万	100万或50万	110万	100万
流通股市值	1亿美元	300万美元	800万美元	500万美元
申请时最低股票价格	N/A	3美元	5美元	4美元
公众持股人数每人100股以上	5000人	400人	400人	300人
经营年限	连续3年赢利	2年		1年或市值5000万美元

◆美国上市的方式

美国的证券交易市场为企业提供了两种上市方式，一种是IPO，另一种是反向收购，也就是所谓的买壳上市，企业可以根据自己的实际情况自由选择。一般来说，净资产超过5000万元，或者年营业额超过2亿元，或者净利润超过1500万元的中大型企业，可以考虑在纳斯达克全国市场发行IPO，规模更大的企业可以考虑到纽约证券交易所发行IPO。

中小企业可以选择买壳上市，因为相较于IPO来说，买壳上市的时间成本与金钱成本都要低很多。据计算，IPO的前期费用为100万～150万美元，时间大约为1年；买壳上市的前期费用为45万～75万美元，时间为4～6个月。

◆美国上市的优势

第一，美国证券市场可以满足多元化的融资需求。如果企业想要在美国场外交易市场（OTCBB）柜台挂牌交易，只要获得3个券商的支持即可，除此之外不需要满足任何条件。这里的支持指的是券商愿意为企业的股票做市。如果企业获得了券商的支持，就可以先在OTCBB买壳交易，获得第一笔资金，等满足了纳斯达克的上市条件之后就可以申请到纳斯达克上市。

第二，美国证券市场的规模位居全球第一，是世界其他任何一个金融市场无法比拟的，企业在美国上市可以募集到的资金要比在其他市场上市所能募集到的资金多很多。

第三，美国股市的市盈率、换手率较高，汇聚了大量的游资和风险资金，很多股民喜欢冒险投资，这些特点吸引了很多中国企业。

◆美国上市的劣势

第一，中美在地域、文化和法律方面存在较大差异，会给企业上市带来很多阻碍，这一点限制了很多中国企业赴美上市的步伐。对于很多中国企业来说，华尔街是一个充满诱惑但又极为危险的地方，没有十足的把握不会轻易踏入。

第二，企业在美国上市能够获得的认知度有限。相较于中国内地上市、中国香港上市、新加坡上市来说，中国企业在美国上市之后所能获得的认知度比较有限，很难获得资本的热烈追捧，当然，大型企业以及知名企业除外。

第三，上市费用相对较高。中国企业在美国IPO上市的费用为1000万～2000万人民币，甚至更高，如果选择买壳上市费用会少很多。

◆适合在美国上市的企业

美国多层次、立体化的资本市场可以为不同类型的企业提供上市服务，因此无论中小型企业还是大型企业都可以选择在美国市场上市。

4.1.2 新加坡资本市场

新加坡证券交易所历史悠远，可以追溯到1930年成立的新加坡经纪人协会，目前已经成为亚洲主要的证券市场。新加坡证券交易所采用国际标准的披露标准和公司治理政策，为本地投资人以及海外投资人创建了一个良好的投资环境，是我国企业上市的选择之一。

◆新加坡上市的优势

（1）中国企业在新加坡申请上市，消耗的时间比较短，成功率比较高。企业在国内主板上市往往需要2～3年的时间，而在新加坡上市大概只需要1年，因为企业在新加坡上市的审核程序比较简单，无需耗费太多准备时间。这样一来，企业就可以抓住国际证券市场上的商机，在较短的时间内完成融资计划，为之后的发展积累足够的资金。此外，上市准备时间短也有利于企业节约上市成本。

（2）新加坡上市属于境外上市，上市后企业的融资难度相对较低，融资方式更加灵活。我国证监会对上市企业的再融资有严格限制，再融资申请的审批通过率只有50%，再融资成本相对较高；而企业在境外上市后可以随时增发股票，再融资门槛相对较低，再融资更加灵活。目前，在新加坡的证券市场，很多中国企业通过增发股票或者配股获得的融资额已经超过IPO获得的融资额。

（3）税收优惠。新加坡的税收和外汇制度对外国企业非常友好，尤其是随着中国政府与新加坡政府签订避免双重赋税协议、投资保障协议、自由贸易协定等，这些政策进一步降低了中国企业在新加坡上市的成本。再加上中国企业可以直接在新加坡设立股份公司，减少上市环节，同样可以节省上市费用。

◆新加坡上市的局限

企业在新加坡上市的劣势与在中国香港上市的劣势比较相似，主要表现在两个方面：第一，新加坡证券市场的规模比较小，企业上市之后能够募集到的资金有限；第二，新加坡证券市场的市盈率、换手率比较低，股份退出比较困难。

◆中国公司新加坡上市融资主要方式

（1）“大S股模式”直接主板上市。

对于在内地注册、在香港或者海外上市的公司，包括在香港上市的H股、在美国上市的N股、在新加坡上市的S股等。这类公司的注册地址在中国内地，赴港上市或者赴海外上市的是中外合资公司的外资股部分，上市后获得的资金仍需返回国内，因此对于这类公司，证监会持鼓励政策，公司比较容易获得上市批准。

如果国内的企业采用这种方式赴港上市或者境外上市，不仅要遵循我国证券法的相关要求，也要满足上市地的证券监管要求。企业在上市之前要对现有的资产与业务进行重组，在境内设立股份有限公司，程序比较烦琐，申请上市耗费的时间也比较长。但正因为审核程序比较严格，一旦企业获得上市批准，会比较容易地获得投资人的信任。

（2）通过“红筹模式”实现上市。

“红筹模式”指的是内地公司通过换股等形式将境内资产转移到在境外注册的公司，通过境外公司持有内地公司的资产或股权，然后以境外公司的名义上市。

（3）异地二次上市。

异地二次上市有很多种形式，包括S股、红筹股公司在内地A股增发等。如果公司选择在新加坡上市，可以利用新加坡市场与中国香港市场的对接性，将新加坡证券市场作为香港二次上市的跳板，通过介绍赴港上市，或者等国内条件成熟之后在内地发行A股。

4.2 我国资本市场的结构及企业上市条件

4.2.1 中国内地资本市场概述

对于中国企业来说，中国内地的资本市场是上市的首选。但《公司法》对中国企业的上市出台了很多规定，包括：

（1）公司的总股本达到5000万股，公开流通的部分不少于25%。

（2）公司最近3年连续盈利。

（3）公司有3年以上的营业记录。

（4）公司无形资产占总资产的份额不能超过20%。

我国《公司法》制定时关于企业上市的规定面向的是国有大型企业，因此要求比较严格。但随着国有企业改制，经济转型发展，中小企业及民营企业表现出前所未有的生命力，成为拉动经济增长的中坚力量。这些企业在发展过程中产生了上市需求，但面对《公司法》的严苛规定，他们不得不放弃中国内地的资本市场，将目光转向中国香港市场以及其他海外市场。

为了改变这一局面，2000年，中国证监会通过了《创业板市场规则》（创业板草案），极大地降低了中小企业在国内上市的门槛，给中小企业在国内上市带来了希望。2004年6月25日，深圳证券交易所正式推出中小企业板块，在极短的时间内就吸引了2500多家企业排队申请上市。虽然这些措施在一定程度上降低了中小企业在国内上市的门槛，但相较于主板上市来说，中小企业板的上市门槛依然很高，并且企业仍需要接受严格的审核。

◆在中国内地本土上市的优势

中国企业之所以会将本土市场视为上市的首选，主要是因为本土上市可以给企业带来以下好处。

（1）企业在本土上市无须面临语言、监管、法律等方面的差异，可以享受天时、地利、人和等优势。

（2）相较于海外上市来说，企业在本土上市可以获得更高的认知度。因为企业在本土上市能够被更多投资人了解，获得投资人的认同。

◆在中国内地本土上市的局限

（1）漫长的审核过程。

根据《公司法》的规定，在中国内地本土上市的公司要接受审核。首先，有上市意愿的企业向证监会提交上市申请；其次，证监会对企业的上市资格进行审核，符合条件的企业会被批准上市。由于每年申请上市的企业数量过多，证监会每年批准上市的企业数量有限，导致大部分企业陷入了漫长的等待期。即便是新开设的中小企业板，虽然在一定程度上降低了中小企业的上市门槛，但也要对企业进行审核，审核时间同样比较长。据统计，每年在本土上市的企业不到100家，而已经通过证监会审核等待上市的企业大约有400家，还有更多企业在向证监会提交上市申请。

（2）上市门槛高。

《公司法》对上市的要求比较严苛，尤其是关于股本的规定，很多中小企业都无法达到。而新推出的中小企业板块，上市门槛没有降低多少，在很大程度上阻碍了中小企业上市的步伐。

（3）上市费用较高。

很多企业认为本土上市的费用应该比较低，事实并非如此。据统计，企业在本土上市，前期费用平均为1500万元，与在中国香港上市和海外上市的费用相差无几。

◆适合在中国内地本土上市的企业

通过对企业在中国内地本土上市的条件、优势、劣势进行分析可以发现，本土上市主要适用于大型企业，而且企业对发展资金的需求不太迫切，可以接受长时间的审核与等待。至于主板推出的中小企业板，如果中小企业可以接受长时间的排队审核，可以优先选择在中国内地本土上市。

4.2.2 中国香港资本市场上市条件与要求

中国香港的资本市场往往是企业上市的第二选择，这与中国香港和中国内地的密切关系以及中国香港独特的金融地位有关。中国香港资本市场主板和创业板上市对企业的要求如表4-1所示。

表 4-1　中国香港资本市场主板和创业板上市对企业的要求

	主板	创业板
盈利要求	企业要具备3年的营业记录，过去3年盈利之和达到5000万港元（最近一年要达到2000万港元，之前两年合计要达到3000万港元），在3年的业绩期内管理层保持不变	无盈利要求，但一般要显示有24个月的活跃业务和活跃的主营业务，在活跃业务期，企业管理层和持股人要保持不变
市值要求	新申请人上市时的预计市值不得少于1亿港元，其中由公众人士持有的证券的预计市值不得少于5000万港元	上市时的最低市值没有具体规定，但实际上市时不能少于4600万港元；期权、权证或类似权利，上市时的市值要达到600万港元
股东要求（新上市）	在上市时最少有100名股东，而每100万港元的发行额由不少于3名股东持有	上市时公众股东至少有100名，如果公司只能符合12个月"活跃业务纪录"的要求，上市时公众股东至少有300名
公众持股要求	最低公众持股数量为5000万港元或已发行股本的25%（以较高者为准）；如果发行人的市值超过40亿港元，可以降低至10%	市值少于40亿港元的公司的最低公众持股量要占到25%，涉及的金额最少为3000万港元；市值等于或超过40亿港元的公司，最低公众持股量要达到10亿港元或已发行股本的20%（以两者中较高者为准）
禁售规则	上市后6个月控制性股东不能减持股票，上市后6个月内控制性股东不得丧失控股股东地位（股权不得低于30%）	上市时管理层股东及高持股量股东共持有不少于公司已发行股本的35%；管理层股东和持股比例少于1%的管理层股东的股票禁售期分别为12个月和6个月
主要业务要求	无	必须有主营业务
公司治理要求	主板公司须委任至少两名独立非执行董事，联交所亦鼓励（但非强制要求）主板公司成立审核委员会	须委任独立非执行董事、合资格会计师和监察主任以及设立审核委员会
保荐人制度	有关聘用保荐人的要求于公司上市后即宣告终止（H股发行人除外：H股发行人至少聘用保荐人至上市后满一年）	必须在上市后最少两个财政年度持续聘用保荐人担当顾问
管理层稳定性要求	申请人业务在三年业绩纪录期间大致由同一批人管理	申请人业务在申请上市前24个月（或减免至12个月）大致由同一批人管理及拥有

◆在中国香港上市的优势

（1）地理位置优势。中国香港与深圳只有一线之隔，交通十分便利，为中国企业赴港上市提供了便利。

（2）中国香港与中国内地的文化一脉相承，两地居民的生活习性、社交礼仪等没有太大差异。随着普通话在中国香港普及，两地交流的语言问题也随之解决。因此，从心理层面看，中国企业很容易将中国香港作为上市的第二选择。

（3）一直以来，金融界都将纽约、伦敦、香港划为全球金融中心的第一阵营，中国香港在亚洲金融市场乃至全球金融市场上的地位无可取代，其证券市场也是世界十大证券市场之一，对中国内地企业有着极强的吸引力。

（4）企业在香港成功上市后可以获得多元化的融资渠道。中国企业在香港成功上市之后，除了首次公开募股发行之外，还可以通过反向收购获得资金。

◆在中国香港上市的局限

（1）资本规模方面。与美国的证券市场相比，中国香港证券市场的规模比较小。据统计，中国香港证券市场股市的总市值大约只有美国纽约证券交易所股市总市值的1/30，纳斯达克的1/4，股票年成交额也远远落后于纽约证券交易所和纳斯达克。

（2）市盈率方面。中国香港证券市场的市盈率大约为13，而纽约证券交易所的市盈率在30以上，纳斯达克的市盈率也在20以上。这表示在同等条件下，中国企业赴港上市能够募集到的资金要比赴美上市能够募集到的资金少很多。

（3）股票换手率方面。中国香港证券市场的换手率大约为55%，相较于纽约证券交易所70%以上的换手率以及纳斯达克300%的换手率要低很多，这说明企业在中国香港的资本市场上市后，股份退出比较困难。

◆适合在中国香港上市的企业

大型国有企业或民营企业不愿意在内地市场排队等待的可以赴港上市，中小民营企业或三资企业虽然可以选择在中国香港的创业板上市或者买壳上市，但这两种方式能够募集到的资金有限，赴美上市可能是更好的选择。

4.2.3　A股主板上市条件与要求

A股主板指的是沪深主板，也就是一板市场。A股主板上市就是在上海证券交易所的主板上市或者在深圳证券交易所的主板上市，对上市公司的要求比较高，具体分析如下。

◆主体资格

（1）发行人必须是依法设立且合法存续的股份有限公司。如果是有限责任公司，经国务院批准依法变更为股份有限公司时可以采取募集设立方式公开发行股票。

（2）股份有限公司的持续经营时间应该超过3年，经国务院批准的除外。如果有限责任公司按照原账面净值折股整体变更为股份有限公司，要从有限责任公司成立之日起计算持续经营时间。

（3）发行人已足额缴纳注册资本，发行人或者股东已经办理完出资资产的财产权转移手续，发行人的主要资产不存在权属纠纷。

（4）发行人的生产经营活动必须符合相关的法律法规、国家产业政策以及公司章程的相关规定。

（5）发行人近3年的主营业务没有发生重大变化，实际控制人没有发生变更，董事、高级管理人员也没有发生重大变化。

（6）发行人的股权结构清晰，控股股东、受控股股东和实际控制人支配的股东持有的发行人股份不存在重大权属纠纷。

◆独立性

（1）发行人的业务体系完整，具备直接面向市场独立经营的能力。

（2）发行人的资产完整。

（3）发行人的人员独立。

（4）发行人的财务独立。

（5）发行人的机构独立。

（6）发行人的业务独立。

（7）发行人在独立性方面没有其他严重缺陷。

◆规范运行

（1）发行人按照相关法律法规的要求建立并完善了股东大会、董事会、监事会、独立董事、董事会秘书制度，相关机构和人员能够依法履行职责。

（2）发行人的董事、监事和高级管理人员已经了解与股票发行上市有关的法律法规，了解上市公司及其董事、监事和高级管理人员的法定责任与义务。

（3）发行人的董事、监事和高级管理人员符合法律法规规定的任职资格。

（4）发行人拥有健全的内部控制制度，而且能够有效执行，可以保证财务报告的可靠性、生产经营的合法性以及企业整体经营效率与效果。

（5）发行人不得有以下情形：

- 最近3年内未经法定核准擅自公开或者变相公开发行证券，或者发行人在3年前有过相关违法行为，但这种行为持续到现在。
- 最近3年内，发行人因违反工商、税收、土地、环保、海关以及其他法律、行政法规受到行政处罚，而且情节比较严重。
- 最近3年内，发行人曾向中国证监会提出发行申请，但报送的相关文件存在虚假记载、误导性陈述或重大遗漏；或者发行人不满足发行条件骗取发行核准；或者发行人以不正当手段干扰中国证监会及发行审核委员会的审核工作；或者发行人伪造或变造发行人或者董事、监事、高级管理人员的签字、盖章。
- 发行人因存在违法犯罪行为被司法机关立案侦查，暂时没有给出明确结论。
- 发行人严重损害投资人的合法权益和社会公共利益。

◆财务与会计

（1）发行人资产质量良好，负债结构合理，拥有较强的盈利能力，现金流稳定且正常。

（2）发行人的内部控制制度在所有重大事项上都是有效的，并且由注册会计师出具了无保留结论的内部控制签证报告。

（3）发行人的会计基础工作比较规范，严格按照企业会计准则和相关会计制度的规定编制了财务报表，客观真实地反映了发行人的财务状况、经营成果和现金流量，并由注册会计师出具了无保留意见的审计报告。

（4）发行人完全按照实际发生的交易或事项编制财务报表，进行会计确认、计量和报告时保持谨慎态度，对相同或相似业务使用相同的会计政策。

（5）发行人将关联方关系完整地披露出来，并按照重要性原则恰当披露关联交易，并且保证关联交易价格公平公正，严禁通过关联交易操纵利润的情况发生。

（6）发行人应当符合下列条件：

- 发行人在最近3个会计年度的净利润为正，且净利润之和超过了3000万元。这里的净利润根据扣除非经常性损益前后较低者计算。
- 发行人在最近3个会计年度开展经营活动产生的现金流累计超过5000万元，或者最近3个会计年度的营业收入累计超过3亿元。
- 发行人在发行股票前的股本总额超过3000万元。
- 发行人最近一期的无形资产在净资产中的占比不高于20%，这里说的无形资产指的是扣除土地使用权、水面养殖和采矿权等资产之后的资产。
- 发行人在最近一期末不存在未弥补亏损。

（7）发行人依法纳税，按照相关法律法规的要求享受税收优惠，发行人的经营成果对税收优惠没有太严重的依赖。

（8）发行人不存在重大偿债风险，不存在可能会对持续经营活动造成不良影响的担保、诉讼以及仲裁等重大事项。

（9）发行人申报文件中不得有下列情形：

- 发行人在申报文件中不能遗漏或者虚构交易事项或其他重要信息。
- 发行人在申报文件中不能滥用会计政策或会计估计。
- 发行人在申报文件中不能操纵、伪造或篡改会计记录或相关凭证，导致财务报表不真实、不客观。

（10）发行人不能存在可能对持续盈利能力造成不良影响的其他行为。

◆募集资产运用

（1）一般来讲，发行人通过发行股票募集的资金要用于主营业务，而且要有明确的使用方向。

（2）发行人募集的资金数额与投资项目要契合发行人现有的生产经营规模、财务状况、技术水平、管理能力等情况。

（3）发行人募集资金的投资项目要符合国家产业政策、投资管理、环境保护、土地管理以及其他法律、法规和规章的规定。

（4）发行人董事会要对投资项目的可行性进行认真分析，确定投资项目的发展前景与盈利空间都比较大，并且要制定风险防范方案，提高募集资金的使用效益。

（5）投资项目落地后，不会引发同业竞争，不会对发行人的独立性造成不良影响。

（6）发行人要建立募集资金专项存储制度，由董事会决定建立专项账户用于存储募集资金。

4.2.4 创业板上市条件与要求

创业板指的是交易所主板市场以外的另一个证券市场，主要为新兴公司提供融资渠道，帮助新兴公司获取资金拓展业务，实现进一步发展。在创业板上市的公司大多为高科技公司，虽然成立时间比较短、规模比较小，但成长空间大、业绩比较好。目前，创业板市场主要为高科技领域成长性较强，且拥有广阔发展空间的新兴中小型公司提供融资服务。

◆基本条件

（1）发行人是依法设立的股份有限公司，持续经营时间超过三年。如果是有限责任公司按原账面净值折股整体变更为股份有限公司，要从有限责任公司成立之日起计算持续经营时间。

（2）发行人最近两年持续盈利，累计净利润超过1000万元，并且在持续增长；或者发行人最近一年的净利润超过500万元，营业收入超过5000万元，最近两年营业收入的增长率超过30%。净利润按照扣除非常性损益后的最低值进行计算。

（3）发行人在最近一期末的净资产不少于2000万元，并且不存在未弥补亏损。

（4）发行后股本总额不少于3000万元。

◆发行人应当有持续盈利能力，且不存在下列情形

（1）发行人的经营模式、产品结构或服务已经发生重大变化或者即将发生重大变化，并且可能影响发行人的持续盈利能力。

（2）发行人在行业中的地位或者发行人所在行业的经营环境已经发生重大变化或者即将发生重大变化，并且可能影响发行人的持续盈利能力。

（3）发行人正在使用的商标、专利、专有技术、特许经营权等重要资产或技术的取得或使用存在风险，可能会发生重大变动。

（4）发行人最近一年的营业收入或净利润主要来源于有重大不确定性的客户。

（5）在发行人最近一年的净利润中，合并财务报表范围以外的投资收益占比较大。

（6）发行人的持续盈利能力可能受到其他重大不利因素的影响。

◆对董事、监事和高级管理人员的要求

（1）发行人的董事、监事和高级管理人员了解公司上市的相关法律法规，了解上市公司及其董事、监事、高级管理人员的法定义务和责任。

（2）最近两年，发行人的董事、高级管理人员没有发生重大变动。

（3）发行人的董事、监事和高级管理人员的任职资格契合法律法规以及规章制度的要求。

◆其他条件

（1）发行人的公司治理结构应该完整、完善，要按照法律要求建立股东大会、董事会、监事会、独立董事、董事会秘书、审计委员会制度，相关机构与人员要依法履行职责。

（2）发行人足额缴纳注册资本，发行人或股东办理完用作出资的资产的财产权转移手续，发行人的主要资产不存在重大权属纠纷。

（3）股权清晰，控股股东、受控股股东和实际控制人支配的股东持有的发行人股份不存在重大权属纠纷。

（4）发行人资产完整，业务、人员、财务、机构完全独立，业务体系完整，可以面向市场独立经营，不存在同业竞争。

（5）发行人主要经营一种业务，生产经营活动完全符合相关法律法规以及公司制度的规定，符合国家产业政策及环境保护政策；最近两年，公司的主营业务以及实际控制人没有发生太大变化。

（6）发行人按照相关法律法规的要求纳税，享受各种优惠政策，发行人的经营成果对税收优惠没有太多依赖，发行人不存在重大偿债风险以及其他影响持续经营的担保、诉讼以及仲裁等重大事项。

（7）发行人会计基础工作规范，完全按照企业会计准则和相关会计制度的规定编制财务报表，将发行人的财务状况、经营成果、现金流等情况真实、客观地反映出来，并由注册会计师出具无保留意见的审计报告。

（8）最近三年内，发行人及其控股股东、实际控制人没有做出过损害投资人合法权益、危害社会公共利益的重大违法行为。

4.2.5 科创板上市条件与要求

科创板主要为科技创新型企业服务，这些企业面向世界先进技术以及国家重大需求，经营的业务契合国家战略，致力于在核心技术领域寻求突破，市场认可度比较高。目前，科创板主要为新一代信息技术、高端装备、新材料、新能源、节能环保、生物医药等高新技术产业和战略性新兴产业服务，致力于推动新一代信息技术与制造业深度融合。

◆科创板企业范围

（1）新一代信息技术行业，包括半导体和集成电路、电子信息、下一代信息网络、人工智能、大数据、云计算、新兴软件、互联网、物联网和智能硬件等。

（2）高端装备行业，主要包括智能制造、航空航天、先进轨道交通、海洋工程装备及相关技术服务等。

（3）新材料行业，主要包括先进钢铁材料、先进有色金属材料、先进石化化工新材料、先进无机非金属材料、高性能复合材料、前沿新材料及相关技术服务等。

（4）新能源行业，主要包括先进核电、大型风电、高效光电光热、高效储能及相关技术服务等。

（5）节能环保行业，主要包括高效节能产品及设备、先进环保技术装备、先进环保产品、资源循环利用、新能源汽车整车、新能源汽车关键零部件、动力电池及相关技术服务等。

（6）生物医药行业，主要包括生物制品、高端化学药品、高端医疗设备与器械及相关技术服务等。

◆科创板发行条件

（1）持续经营。

想要在科创板上市的股份有限公司必须依法设立，持续经营时间超过3年。如果是有限责任公司按原账面净值折股整体变更为股份有限公司，要从有限责任公司成立之日起计算持续经营时间，对企业的盈利能力没有太多要求，允许未盈利或者存在未弥补亏损的企业上市。

（2）会计基础及内控制度。

发行人拥有完善的内部控制制度以及规范的会计基础工作，由注册会计师出具无保留意见的审计报告以及无保留结论的内部控制鉴证报告。

（3）业务完整。

- 发行人资产完整，业务、人员、财务、机构独立，不存在可能对业务造成重大不利影响的同业竞争，企业的独立性不会受到不良影响，并且不存在不公平的关联交易。
- 发行人最近两年内的主营业务以及控制权没有发生变更，董事、高级管理人员和核心技术人员没有发生重大不利变化。
- 发行人的主要资产、核心技术及商标等没有发生重大权属纠纷，没有重大偿债风险，没有面临重大担保、诉讼、仲裁等事项，经营环境没有发生重大改变，企业的持续经营没有受到其他不利因素的影响。

（4）合法合规。

发行人及控股股东、实际控制人在最近三年内不存在贪污、贿赂、侵占财产、挪用财产或者破坏社会主义市场经济秩序的刑事犯罪，不存在欺诈发行、违法披露重大信息或者其他危害国家安全、公共安全、生产安全、生态安全、公众安全与健康的重大违法行为，董事、监事、高级管理人员不存在被行政处罚、被立案侦查，或者被立案调查但没有明确结论的情况。

◆取消部分现行发行条件

取消了对发行人盈利业绩、无形资产占比、不存在未弥补亏损等方面的要求，除证监会的上述规定外，发行人申请在科创板上市还要符合以下条件：

（1）发行后股本总额不少于3000万元。

（2）公开发行的股份在公司总股份中的占比不低于25%；如果公司股本总额超过4亿元，公开发行股份在公司总股份中的占比不低于10%。

◆科创板上市市值和财务标准

发行人想要申请在科创板上市，至少要符合以下市值标准与财务标准中的一条，具体如表4–2所示。

表 4–2　科创板上市市值和财务标准

财务标准	标准一		标准二	标准三	标准四	标准五
预计市值	10亿元		15亿元	20亿元	30亿元	40亿元
净利润	最近两年为正且累计≥5000万元	最近一年为正				
最近一年营业收入		15亿元	15亿元	15亿元	15亿元	（1）业务或产品获得批准；（2）市场空间大；（3）目前有阶段性成果，药企至少有一项一类新药二期临批，其他企业需要有明显的技术优势并满足相应条件
研发投入			最近三年累计占营收比15%			
经营活动产生现金流量净额				最近三年累计1亿元		

表4–2中的净利润主要看扣除非经常性损益前后的数值，以最低者为准，净利润、营业收入、经营活动产生的现金流量净额指的是经过审计的数值。我国科创板上市条件设计参考了国外成熟资本市场的经验，并与我国资本市场的情况进行了结合，总体以市值为核心，同时参考营业收入、净利润、研发投入占比及经

营活动现金流等指标，判断企业是否满足上市条件。

4.2.6 北交所上市条件与要求

北交所指的是北京证券交易所，成立于2021年9月3日，是经国务院批准设立的第一家公司制证券交易所，是在新三板精选层的基础上成立的，其目的是进一步深化新三板改革，提高为中小企业服务的能力，打造为创新型中小企业服务的主阵地。

◆北交所IPO上市条件

（1）发行人市值在2亿元及以上的，最近两年的净利润在1500万元及以上，并且加权平均净资产收益率的均值在8%及以上，或者最近一年的净利润在2500万元及以上，并且加权平均净资产收益率在8%及以上。

（2）发行人市值在4亿元及以上的，最近两年的营业收入均值要超过1亿元，并且最近一年营业收入的增长率要超过30%，经营活动产生的现金流量净额为正值。

（3）发行人市值在8亿元及以上的，最近一年的营业收入要超过2亿元，最近两年研发投入总和在最近两年营业收入总和中的占比超过8%。

（4）发行人市值在15亿元及以上的，最近两年的研发投入总和要超过5000万元。

◆北交所IPO流程

企业在北交所IPO上市的过程与要遵守的规范和在A股IPO上市基本相同，具体来看要经过四个阶段。

第一阶段：财务顾问阶段。企业提交上市申请之后，中介机构会按照IPO要求规范企业的财务。在财务整改过程中，企业可能会遇到以下问题：收入确认不准确、进销存账实不符、料工费分摊不准确、工程行业成本计量不准确、坏账计提不充分、资产未入账、资金占用、银行卡流水异常等。如果企业存在这些问题需要尽早解决。

第二阶段：辅导阶段。企业需要在中介机构的辅助下到当地证监局辅导备案，辅导时间为3~6个月。

第三阶段：保荐阶段。中介机构走访，制作底稿，准备申报材料，进行申报反馈。

第四阶段：承销上市。

整体来看，北交所IPO的时间可以划分为四个阶段，分别是前期整改准备阶段、申报材料准备阶段、在会审核阶段和发行上市。在实际过程中，前期整改准备阶段往往会消耗大量时间，如果出现比较严重的问题，整个年度的准备都会作废。为了避免这种情况发生，企业最好尽早开始进行整改准备。一般来说，在报告期的第一年，企业就应该聘请中介机构进场指导整改，以达到IPO申报要求。

另外，企业要提前半年准备上市申报材料。因为北交所IPO在会审核时间为2个月，比其他板的审核时间少1个月。再加上北交所IPO实行注册制，也就是企业要在北交所接受审核，然后在证监会注册。北交所审核需要2个月的时间，证监会注册需要20个工作日，中介机构回复反馈也需要一段时间。也就是说，企业想要在北交所IPO上市，从提交上市申请到完成上市大约需要6~8个月的时间。

◆平移精选层进入条件作为上市条件

经过一年多的实践检验，新三板精选层进入条件的包容性、精准度和适应性受到了广泛认可。为了实现平稳过渡，北交所上市条件中的各类指标及具体数值延续了精选层的进入条件。如果某创新层的挂牌企业在新三板连续挂牌满12个月，市值、财务标准等条件均满足要求，在证监会完成了注册，并且面向不特定合格投资人公开发行股票，公众持股比例达到相应要求，可以在北交所上市。

4.3 企业IPO上市流程与实务操作

4.3.1 设立股份公司

对于企业来说，IPO上市是一种非常有效的募集资金的方式，但IPO上市并非易事。企业想要成功完成IPO上市，首先要了解IPO上市的流程，大致包括设立股份公司、IPO上市辅导、筹备与申报、IPO核算、促销与发行、挂牌上市交易等几个阶段。

首先是设立股份公司，根据《公司法》第七十七条的规定，股份有限公司的设立可以采取两种方式，一种是发起设立，一种是募集设立。

发起设立指的是由发起人认购公司应发行的所有股份，然后设立公司，在这个过程中社会公众不参与股份认购。

募集设立指的是由发起人认购公司应发行股份的一部分，其余股份向社会公开发行或者向特定对象发行，通过这种方式设立公司。因此，募集设立又可以划分为两种形式，一种是向特定对象募集设立，一种是公开募集设立。

◆设立条件

（1）发起人符合法定人数。

《公司法》第七十八条规定，股份有限公司的发起人不少于2人，不超过200人，其中半数以上必须在中国境内有住所。

（2）发起人认购和募集的股本达到法定资本最低限额。

股份有限公司的注册资本不能少于500万元。如果法律、行政法规对股份有限公司注册资本的最低限额有较高规定的，要按照相关规定执行。

如果是通过发起设立的方式成立的股份有限公司，注册资本为全体发起人认购的总股份，这里所说的发起人必须是在市场监管局登记的发起人。公司发起人首次出资额之和在注册资本中的占比不能少于20%，其余部分在两年内缴足，缴足前不能向他人募集股份。

从原则上讲，发起人、认股人缴纳股款或者交付抵作股款的出资后不能抽回资本，除非遇到以下情形：约定的期限到期后没有募足股份，或者发起人没有在约定的期限内召开创立大会，或者创立大会决定不设立公司。

（3）股份发行、筹办事项符合法律规定。

发起人要按规定申报文件，承担筹办事宜。

（4）发起人制定公司章程。

发起人要根据《公司法》《上市公司章程指引》等相关文件的相关规定制定公司章程。如果是通过募集方式成立的股份公司，发起人要将编写的章程草案提交创立大会进行表决。如果发起人面向社会公开募集股份，需要将章程草案提交证监会进行审核。

（5）有公司名称，建立符合股份有限公司要求的组织机构。

发起人要按照工商登记管理规定的相关要求设立股份有限公司，并确定公司名称。公司名称的拟定也要符合规范，包括行政区划、字号、行业、组织形式等内容，法律、法规另有规定的除外。另外，需要注意的是，公司名称只能有一个，公司名称经公司登记机关核准登记后受法律保护。除有确定的公司名称外，股份有限公司还应建立股东大会、董事会、经理和监事会等组织机构。

（6）有公司住所。

一般来说，公司住所指的是公司主要办事机构所在地，是确定公司登记注册级别管辖、诉讼文书送达、债务履行地点、法院管辖及法律适用等事项的重要依据。一家公司只能有一个公司住所，并且要在公司登记机关登记，公司住所要在公司登记机关的辖区内。如果公司要变更公司住所，必须到公司登记机关办理相关手续。

◆设立方式和程序

（1）新设设立，即由5人以上的发起人出资设立一家股份公司，程序如下。

- 发起人制定设立方案。
- 发起人签署协议，拟定公司章程草案。
- 取得国务院授权的部门或省级人民政府的批准。
- 发起人认购股份并缴纳股款。
- 聘请具有证券从业资格的会计师事务所进行验资。
- 召开创立大会并建立公司组织机构。
- 向公司登记机关申请设立登记。

（2）改制设立，即将公司原有的所有资产或部分资产进行评估或确认后作为原投资人出资设立股份公司，具体流程如下。

- 拟定改制设立方案。
- 聘请具有证券业务资格的中介机构进行审计，并对资产进行评估。
- 签署发起人协议，拟定公司章程草案。
- 拟定国有土地处置方案，获得土地管理部门的批复。
- 拟定国有股权管理方案，获得财政部门的批复。
- 取得国务院授权的部门或省级人民政府的批准。
- 发起人认购股份、缴纳股款、办理财产转移手续。
- 聘请具有证券业务资格的会计师事务所进行验资。
- 召开公司创立大会，建立公司组织机构。
- 向公司登记机关申请设立登记。

（3）有限责任公司整体变更，即先设立一家有限责任公司，设立方式可以是新设设立，也可以是改制设立，然后再将有限责任公司整体变更为股份公司。

- 向国务院授权部门或省级人民政府提出变更申请，获得批准。
- 聘请具有证券业务资格的会计师事务所进行审计。
- 有限责任公司的股东作为发起人，将经过审计的净资产按照1：1的比例投入新设立的股份公司。
- 聘请具有证券业务资格的会计师事务所进行验资。
- 拟定公司章程草案。
- 召开创立大会，建立公司组织机构。
- 向公司登记机关申请变更登记。

4.3.2　IPO上市辅导

按照中国证监会的相关规定，依法成立的股份有限公司在向证监会提交股票发行申请之前，必须由具有主承销资格的证券公司进行为期一年的辅导，辅导程序、辅导内容具体分析如下。

◆辅导程序

（1）聘请辅导机构，即具有保荐资格的证券经营机构或者其他经有关部门认证的机构。

（2）找到合适的辅导机构签署辅导协议，前往公司所在地的证监局办理辅导备案登记手续。

（3）开始辅导之后，辅导机构以3个月为周期向证监局报送辅导工作备案报告。

（4）辅导机构在辅导过程中要发现问题，并提出整改建议，督促公司进行整改。

（5）对于接受辅导的人员，辅导机构要进行一次甚至多次书面考试。

（6）辅导结束之后，股份有限公司向当地的证监局提交辅导评估申请，请证监局验收接受辅导成果，获得证监局出具的辅导监督报告。

（7）在辅导期满6个月之后的10天内，股份有限公司要向社会公告接受辅导、准备发行股票的事宜，至少要在当地2种主要报纸上连续公告2次以上。

◆辅导内容

（1）辅导机构要督促股份有限公司的董事、监事、高级管理人员、持有5%以上（含5%）股份的股东（或其法定代表人）接受培训，全面学习相关的法律法规。

（2）辅导机构要督促股份有限公司按照相关规定建立符合现代企业制度要求的公司治理基础。

（3）辅导机构要对股份有限公司在设立、改制重组、股权设置和转让、增资扩股、资产评估、资本验证等方面的合法性、有效性问题进行核查，明确股份有限公司的产权关系，确定股份有限公司的股权结构符合规定。

（4）督促股份公司独立运营，确保业务、资产、人员、财务、机构相互独立，有明确的主营业务，形成核心竞争力。

（5）辅导机构要督促股份公司明确与控股股东以及其他关联方之间的关系。

（6）辅导机构要督促股份公司建立并完善内部决策和控制制度，形成有效的财务制度、投资制度、内部约束与激励制度。

（7）辅导机构要督促股份公司建立健全公司财务会计管理体系，杜绝会计造假等行为的发生。

（8）辅导机构要督促股份公司明确业务发展目标，形成明确的未来发展计划，围绕募股资金的投向及使用制定明确的规划。

（9）辅导结束时，辅导机构要对股份公司是否达到发行上市条件进行综合评估，并辅助公司做好IPO准备工作。

4.3.3 筹备与申报

在IPO筹备与申报阶段，发起人要做好以下事宜。

◆**准备工作**

（1）聘请律师和具有证券业务资格的注册会计师分别着手进行核查验证和审计工作。

（2）发起人与保荐机构共同制定初步发行方案，确定股票发行规模、发行价格、发行方式、募集资金投资项目及滚存利润的分配方式，并形成相关文件，提交股东大会进行审议。

（3）对募集资金投资项目的可行性进行评估，并出具可行性研究报告。如果募集资金投资项目需要相关部门批准，要提前获得相关部门的批文。

（4）如果企业的设备、生产线需要获得环保部门出具的环保证明，最好聘请专业人员向环保部门申请环保测试，获得环保部门出具的相关文件。

（5）股份有限公司要整理最近三年的所得税纳税申报表，向税务部门申请获得公司近三年不存在税收违规的证明。

◆**申报文件**

申报股票发行所需主要文件：

- 招股说明书及招股说明书摘要。
- 最近三年的审计报告及财务报告全文。
- 股票发行方案与发行公告。
- 保荐机构向证监会推荐公司发行股票的函。
- 保荐机构关于公司申请文件的核查意见。
- 辅导机构呈送证监局备案的《股票发行上市辅导汇总报告》。
- 律师出具的法律意见书和律师工作报告。
- 企业申请发行股票的报告。
- 企业发行股票授权董事会处理有关事宜的股东大会决议。
- 本次募集资金运用方案及股东大会的决议。

● 有关部门对固定资产投资项目建议书的批准文件（如需要立项批文）。

● 募集资金运用项目的可行性研究报告。

● 股份公司设立的相关文件。

● 其他相关文件，例如，关于改制和重组方案的说明、关于同业竞争情况的说明、关于近三年及最近的主要决策有效性的相关文件、重大关联交易的说明、业务及募股投向符合环境保护要求的说明、原始财务报告及与申报财务报告的差异比较表及注册会计师对差异情况出具的意见、历次资产评估报告、历次验资报告、关于纳税情况的说明及注册会计师出具的鉴证意见、大股东或控股股东最近一年及一期的原始财务报告等。

4.3.4 IPO核准程序

股份有限公司申请上市的板不同，IPO核准程序也不同。下面我们对主板上市与创业板上市的IPO核准程序进行具体分析。

◆在主板上市的IPO核准程序

（1）申报。

发行人根据中国证监会的有关规定制作IPO申请文件，寻找保荐人或者保荐机构进行保荐，向中国证监会提交申请。如果发行人所在的行业比较特殊，还要提供管理部门的相关意见。

（2）受理。

中国证监会收到公司提交的IPO申请文件后，会在5个工作日内做出是否受理的决定。

（3）初审。

中国证监会决定受理后，会安排相关职能部门对申请文件进行初审。在初审过程中，中国证监会会向发行人注册地的省级人民政府与国家发改委征求意见，向前者确定是否同意发行人发行股票，向后者确定发行人募集资金投资项目是否符合国家产业政策和投资管理的规定。

（4）预披露。

《中华人民共和国证券法》第二十条规定："发行人申请首次公开发行股票的，在提交申请文件后，应当按照国务院证券监督管理机构的规定预先披露有关申请文件。"因此，发行人应当在证监会受理了申请文件之后，在发审委审核文件之前，在中国证监会网站对招股说明书（申报稿）进行预先披露。发行人可以在企业网站刊登招股说明书（申报稿），并且保证披露内容与中国证监会网站披露的内容完全一致，而且披露时间不能早于中国证监会网站的披露时间。

（5）发审委审核。

相关职能部门对发行人提交的申请文件进行初审后，由发审委组织召开发审委会议对申请文件进行审核。

（6）决定。

中国证监会按照相关规定对发行人的发行申请做出予以核准或者不予以核准的决定，并出具相关文件。如果证监会的决定是予以核准，发行人应当在6个月内发行股票，超出这个时间，核准文件就会失效，发行人想要发行股票需要重新提交申请文件，由证监会核准。

如果发行人在证监会做出予以核准的决定后，在股票发行结束前发生重大事项，应当暂缓股票发行或者暂停股票发行，并及时向证监会报告情况，同时对相关信息进行披露。如果事件对发行条件有影响，发行人要重新履行核准程序。

如果证监会决定不予核准，发行人可以在证监会做出不予核准决定之日起6个月后再次提交股票发行申请。

◆在创业板上市的IPO核准程序

发行人董事会按照相关法律法规的规定，围绕首次公开发行股票并在创业板上市的具体方案、募集资金使用的可行性及其他必须明确的事项做出决议，并获得股东大会的批准。

决议事项如下：股票种类、股票数量、发行对象、价格区间、定价方式、募集资金的用途、发行前滚存利润的分配方案、决议的有效期、对董事会办理本次发行具体事宜的授权以及其他需要明确的事项。

发行人按照中国证监会的相关规定制作申请文件，由保荐人保荐，并向证监会提交申请。保荐人在保荐之前应当对发行人进行尽职调查，对发行人的成长性做出审慎判断，并出具专项意见。

如果发行人是自主创新企业，保荐人要在专项意见中对发行人的自主创新能力做出说明。

中国证监会收到公司提交的IPO申请后，会在5个工作日内做出是否受理的决定。中国证监会受理申请文件之后，要组织相关职能部门对申请文件进行初审，同时将申请文件交由创业板发行审核委员会进行审核。

中国证监会按照相关法律法规的规定对发行申请做出予以核准或者不予核准的决定，并出具相关文件。如果证监会做出的是予以核准的决定，发行人要在核准之日起6个月内发行股票，因为超过6个月核准文件就会失效，发行人要想发行股票需要重新提交发行申请。

如果发行人在证监会做出予以核准的决定后，在股票发行结束前发生重大事项，应当暂缓股票发行或者暂停股票发行，并及时向证监会说明情况，同时对相关信息进行披露。如果出现不符合发行条件的事件，中国证监会要撤回核准决定。

如果证监会的决定是不予核准，发行人可以在证监会做出不予核准决定之日起6个月后再次提交股票发行申请。

4.3.5 促销和发行

◆询价

发行人在发行股票之前要向特定机构的投资人即询价对象询价，确定股票的发行价格。在刊登首次公开发行股票招股意向书和发行公告后，发行人及主承销商应主动向询价对象进行询价与推介，并通过互联网平台或渠道向公众投资人进行推介。

询价分为两种方式，一种是初步询价，一种是累计投标询价。发行人及主承销商要通过初步询价确定股票发行价格的大致区间，然后再通过累计投标询价确定股票的最终发行价格。如果发行人要在中小企业板上市，发行人及主承销商可以根据初步询价结果确定股票的发行价格，不需要进行累计投标询价。

询价结束后，如果发行人公开发行的股票数量不足4亿股，并且提供有效报价的询价对象没有超过20家，或者公开发行的股票数量超过4亿股，且提供有效报价的询价对象没有超过50家，发行人及主承销商应当中止股票发行，并且不能确定股票的发行价格。

◆路演推介

在发行人基本完成发行准备工作，并且发行审查已经在原则上通过的情况下，主承销商或者全球协调人要组织做好国际推介与询价工作，保证股票成功发行并承销。在这个阶段，发行人与主承销人要做好以下几项工作。

（1）预路演。

预路演指的是主承销商组织自己的销售人员与分析员前去拜访一些大型专业机构的投资人，对他们进行市场调查，了解这些投资人对股票发行价格的意见与建议，对市场需求做出基本判断，并据此确定一个价格区间。为保证预路演的效果，主承销商在选择调查对象（大型专业机构的投资人）时要保证取样的多样性、广泛性，以免得出的结论不够客观，无法将市场供求关系准确、客观地反映出来。

（2）正式路演。

正式路演指的是发行人在主承销商的帮助下，面向机构投资人进行的推介活动，主要目的是通过与投资人面对面接触，增进投资人对自己的了解，让投资人做出认购决定。一般来说，路演推介结束后，发行人和主承销商就可以对市场需求做出大致判断。

（3）簿记定价。

簿记定价指的是将股票的发行价格划分为不同的区间，对投资人在不同价格区间的订单需求量进行统计，以了解股票价格对投资人需求的影响，为主承销商或全球协调人研究价格区间、承销结果、股票上市后的基本表现等提供重要依据。

上述环节完成后，主承销商或者全球协调人与发行人签署协议，同时承销团成员签署承销团协议，为披露公开募股文件做好准备。

4.3.6 挂牌上市交易

◆拟定股票代码与股票简称

发审会通过股票发行申请文件之后，发行人可以提出股票代码与股票简称的申请，提交交易所进行审核。

◆上市申请

发行人发行完股票之后，要及时向交易所委员会提交上市申请，并附上以下文件：

（1）上市申请书。

（2）中国证监会核准其股票首次公开发行的文件。

（3）有关本次发行上市事宜的董事会和股东大会决议。

（4）营业执照复印件。

（5）公司章程。

（6）发行人最近3年的财务报告，并附带具有执行证券、期货相关业务资格的会计师事务所的审计意见。

（7）首次公开发行结束后，发行人全部股票经中国证券登记结算有限责任公司托管的证明文件。

（8）首次公开发行结束后，具有执行证券、期货相关业务资格的会计师事务所出具的验资报告。

（9）关于董事、监事和高级管理人员持有本公司股份的情况说明和《董事（监事、高级管理人员）声明及承诺书》。

（10）发行人拟聘任或者已聘任的董事会秘书的有关资料。

（11）首次公开发行后至上市前，按规定新增的财务资料和有关重大事项的说明（如适用）。

（12）首次公开发行前已发行股份持有人，自发行人股票上市之日起1年内持股锁定证明。

（13）相关方关于限售的承诺函。

（14）最近一次的招股说明书和经中国证监会审核的全套发行申报材料。

（15）按照相关规定编制的上市公告书。

（16）保荐协议和保荐人出具的上市保荐书。

（17）律师事务所出具的法律意见书。

（18）交易所要求的其他文件。

◆审查批准

证券交易所收到发行人的上市申请文件之后，要在7个工作日内做出决定，无论是否同意发行人上市都要将通知发到发行人手中。

◆签订上市协议书

如果证券交易所同意了发行人的上市申请，会向发行人发送上市通知。发行人收到通知后要与证券交易所签订上市协议书，明确彼此间的权利与义务。

◆披露上市公告书

在股票挂牌前的3个工作日内，发行人要在中国证监会指定报纸上刊登上市公告书。

◆股票挂牌交易

发行人根据证券交易所的安排以及上市公告书披露的上市日期完成挂牌交易。一般来说，在股票发行后的7个交易日内发行人要完成挂牌上市。

◆后市支持

后市支持指的是券商等投资机构为发行人提供融资咨询、行业研究与报道、投资人关系沟通等服务。

4.4 上市公司融资方式与策略路径

4.4.1 国外上市企业的融资方式

现阶段，国外企业常用的融资方式主要有两种，一种是英国、美国等国家常用的以证券市场为主导的融资模式，一种是日本、德国等国家常用的以银行为主导的融资模式。

（1）日德企业融资方式选择。

日本企业常用的融资方式是银行贷款融资，因为日本实行的是主银行制的金融体制。在日本，几乎所有大型企业都有自己经常发生贷款业务的银行，称为主银行。企业与主银行之间的关系比较稳固，一旦建立合作很少变动。对于企业来说，主银行是最主要的贷款来源，也是最大的股东。主银行可以参与企业管理，帮企业发行债券，在企业陷入经营困境时及时提供帮助。

德国与日本的融资模式大体相同，德国企业经常使用传统融资方式融资，如内部筹资、银行贷款等。德国建立了全能银行融资体制，该模式不仅如日本的主银行制一般促使企业与银行建立了密切关系，还支持银行为企业提供多元化的融资业务，如证券投资、不动产交易、并购等，成为一个真正的“全能银行”。在全能银行融资体制下，主银行可以满足企业所有的资金需求。

（2）英美企业融资方式选择。

在美国，企业会根据“啄食顺序理论”选择融资机构，也就是企业一般会先选择内源融资，然后选择后债务融资，最后选择股权融资。之所以将债务融资放在股权融资之前是因为美国禁止商业银行持有企业股票或从事股票买卖，商业银行只能经营短期贷款，期限为7年。超过7年的长期资本，企业只能通过证券市场募集。同时，根据美国税法，股息分配前企业要缴纳所得税，债息分配前企业无须缴纳所得税，所以债务融资就成了美国企业最常用的融资方式。在美国，企业通过发行债券获取的长期资本占比高达2/3。

英国、美国的资本市场都非常发达，融资方式的选择在很大程度上取决于市场，最佳的融资方式是内源融资，其次是债务融资，最后是股权融资。

4.4.2 我国上市企业的融资渠道

目前，我国上市公司的资金来源主要包括内源融资和外源融资两种。内源融资主要指公司的自由资金和在生产经营过程中的资金积累，是在公司内部通过计提折旧形成现金和通过留用利润等增加公司资本。由于在公司内部进行融资，不需要对外支付利息或股息，不会减少公司的现金流量；同时由于资金来源于公司内部，不发生融资费用，所以融资成本远低于外部融资。

内源融资对企业资本的形成具有原始性、自主性、低成本性和抗风险性的特点，是公司生存和发展的重要组成部分。因此，上市公司应充分挖掘内部资金以及其他各种资源的潜力，如降低生产和经营成本，创造更多利润；降低存货，压缩流动资本，合理运作公司内部资本，如母公司和子公司之间互相提供资本，以及公司通过变卖闲置资产筹集资金等。

◆增发

增发是向包括原有股东在内的全体社会公众投资人发售股票，优点在于限制条件较少，融资规模大。增发比配股更符合市场化原则，更能满足公司的筹资要求，同时由于发行价较高，一般不受公司二级市场价格的限制，更能满足公司的筹资要求，但与配股相比，本质上没有太大区别，都是股权融资。

◆配股

配股指的是按一定比例向老股东配售新股。由于不涉及新老股东之间利益的平衡问题，而且操作简单，审批快捷，是上市公司最为熟悉和得心应手的融资方式。但随着管理层对配股资产的要求越来越严格，即以现金进行配股，不能用资产进行配股。同时，随着中国证券市场的不断发展，与国际惯例的紧密衔接，配股将逐步淡出上市公司再融资的舞台。

增发和配股作为股权融资，其共同的优缺点如表4–3所示。

表 4–3　增发和配股的优缺点

	增发与配股
优点	（1）不需要支付利息，公司只有在赢利并且有充足现金的情况下才考虑是否支付股利，而支付与否及支付比率的决定权由公司董事会掌握； （2）无偿还本金的要求，在决定留存利润和现有股东配售新股时，董事会可以自主掌握利润留存和配售的比例与时机，而且运作成本较低； （3）由于没有利息支出，经营效益要优于举债融资
缺点	（1）融资后由于股本增加，使得投资项目的效益在短期内难以保持相应的增长速度，企业的经营业绩指标不断下滑，可能出现融资后效益反而不如融资前的现象，严重影响公司的形象和股价； （2）融资的成本较高，通常为融资额的5%~10%； （3）要考虑是否会影响现有股东对公司的控制权； （4）股利只能在税后利润中分配，无法获得减税的好处

◆可转换债券

可转换债券兼具债权融资和股权融资的双重特点，在其没有转股之前属于债权融资，比其他两种融资更灵活。当股市低迷时，投资人可以选择享受利息收益；当股市看好时，投资人可以将其卖出获取价差或者转成股票，享受股价上涨的收益。

因为可转换债券有收回本金的保证和券面利息的收益，而且投资人往往受回售权的保护，投资风险比较小，而且收益比较大。同时，可转换债券的转股和兑付压力也对公司的经营管理者形成了约束，迫使他们谨慎决策、努力提高经营业绩，这些特点决定了它对上市公司和投资人而言都是一个双赢的选择，对投资人有很强的吸引力。

4.4.3 我国上市企业融资的影响

目前，我国企业无论经营效益好坏，都会选择股权融资，从而形成了“配股热”“增发热”的局面。下面我们从两个方面对这种现象进行分析。

◆对企业持续发展的影响

企业要想实现可持续发展必须有一定的负债。对于企业来说，适度负债有以下好处。

（1）负债可以使企业获得节税利益，享受财务杠杆作用带来的红利。

（2）在负债破产机制的约束下，企业经理可以规范行事。

（3）负债可以使内部人控制问题得到一定的解决，使道德风险有所下降，代理成本有所减少，推动企业实现更好的发展。

（4）企业可以通过适度负债向市场证明自己的资产状况良好，从而提升企业的市场价值，降低融资成本。

而在我国，因为股权融资比例过高，所以企业无法充分享受债务融资带来的节税利益、财务杠杆作用带来的红利及信息传递功能，自然不会选择债务融资。股权资本的快速扩张很容易导致企业股权被稀释，再加上股权融资的成本较低，无须偿还，很容易导致资金闲置，造成资金浪费。

虽然在不支付股息或者少支付股息的情况下，股权融资成本比债务融资成本低，但从长远看，如果投资人长期不能获得相应的回报，企业很难实现可持续发展。由此可见，对于上市企业来说，我国这种重股权融资、轻债务融资的模式很难支持其实现可持续发展。

◆对股票市场健康发展的影响

证券市场的基本功能就是对资源进行优化配置，让那些需要资金且资金使用效率最高的企业率先获得有限的资金资源。但因为股权融资的成本较低，股东对企业的监管力度较弱，导致股市、股权融资成为企业“圈钱”的场所与工具。

上市企业频频通过股权融资获得廉价资金，导致资金资源严重浪费，证券市场的资源配置功能被严重削弱。在这种情况下，投资人会对企业的股权融资失望，导致股票市场狂跌，企业的市场信用不断下降，促使证券市场难以维持健康可持续发展。

4.4.4 我国上市企业的融资策略

经济环境不同、市场发育程度不同，企业的融资方式也不同。我国企业要借鉴发达国家的融资模式选择适合自己的融资模式。

◆内源融资和外源融资相结合

上市公司要加强内部积累，采用内源融资与外源融资相结合的融资模式，具体做法如下。

第一，上市公司要提升自生能力，这是加强内部积累的前提，其具体做法有二。一是上市企业要提升自己的经营管理能力，包括获利能力、竞争能力、实现可持续发展的能力等。二是企业要对自己的法人治理结构进行完善。

第二，上市公司要创建自我积累机制，具体来说就是要创新产权制度，对产权主体、利益主体予以明确，使企业产权、利益无明确边界约束的问题得以彻底解决。除此之外，我国要创建相应的税收制度、财务制度支持企业增加内部积累，减轻企业税负，对企业的利润分配进行有效规范，创建利润滚存制度，引导企业以经营效益的提升为基础开展内源性资本扩张，持续增强自我发展能力，实现更好的发展。

◆积极发展债券市场

资本市场由债券市场、股票市场组成，前者承担着债券融资、债券交易的功能，后者承担着股权融资、股权交易的职能。对于资本市场来说，债券市场与股票市场缺一不可。相较于英国、美国等发达国家来说，我国采用债券融资的企业占比较少，债券市场的资源配置功能无法得到充分发挥。

企业过度依赖股权融资会导致资本市场发展失衡，国民经济无法实现健康、持续发展。只有债券市场发展到一定程度，企业才有可能扩大直接融资。所以我国首先要全面推进债券市场发展，建立健全债券发行制度，明确债券发行主体的信息披露职责，维护债券市场的运行秩序，保证债券正常发行、交易；其次要增加可交易的债券种类，推动债券市场实现高度流动；最后要建立健全与企业债券管理有关的法律法规，对这些法规的实施细则予以明确，做好信用评级机构的管理工作。

◆加强对股票市场的监管

快速发行的新股，频频完成的天价融资，使资本市场成为上市公司聚拢资金的最佳场所。在此情况下，投资人对企业的股权融资失去信心，开始收拢资金，导致股市连续暴跌。在现代市场经济条件下，市场监管的主要任务就是保护投资人的合法权益，创建一个公开、公平、公正的市场环境，为有序、有效的股票市场的构建奠定基础。从监管机构方面来看，完善股票市场，对企业的股权融资行为进行规范，从法律层面对股票发行、资金使用、利润分配进行有效监管，提高资金使用效率，为投资人的合法权益提供强有力的保障。

◆培育、完善可转换债券市场

在规定期限内，可转换债券的持有人可以按照约定价格将债券转换为债券发行公司的股票。从表面上看，可转换债券是一种可转换为股票的特殊债券。实际上，可转换债券是一种变异的期权。简单来说，可转换债券就是普通债券与可购买普通股的看涨期权相结合的产物。对于上市公司融资渠道的拓展、债券市场产品品类的丰富来说，可转换债券发挥着积极作用。

可转换债券因较长的期限设置成为我国部分大型国有企业常用的融资工具。因为发行可转换债券不仅可以满足这些大型国有企业的融资需求，还能使其融资结构得到优化。英国、美国等国家的可转换债券市场发展程度较高，我国的可转换债券市场尚处在起步阶段，市场规模较小。为满足国内企业的转债需求，我国可以适当扩大向境外发行可转换债券的规模，也就是到欧洲市场、美国市场发行可转换债券。通过这种方式，企业不仅能完成融资计划，还能根据国际市场的发展变化对自己的运营策略进行调整，与国际市场对接。

◆完善公司治理结构

企业融资行为在很大程度上受企业治理结构的影响。在我国的上市企业中，国有企业占比非常大。在二元制的股权结构下，企业对股权融资表现出了强烈的偏好。流通股股东与非流通股股东有着不同的目标，非流通股股东掌握着企业控制权，无论二级市场的股票价格如何变动，这部分股东的收益都不会受到影响，他们可以通过溢价配股获取溢价收益。在上市企业的配股中，非流通股股东承担的成本比其在债券融资中承担的成本少很多，这就是上市公司偏爱股权融资的原因。

对公司治理结构进行完善就是对企业的股权结构进行优化，具体措施如下：首先要减持国有股，降低国有股在上市企业的持股比例；其次要发展机构投资人，让其在公司治理结构中的作用得到充分发挥，降低国有股对企业的控制权比例，使公司法人治理效率得以切实提升。

第5章　并购融资篇

5.1　企业并购重组操作实务与要点

5.1.1　企业并购的概念与路径

公司是适应市场经济社会化大生产的需要形成的一种企业组织形式，等公司发展到一定规模之后，公司的股东、董事会就会立足于公司发展战略，组织聘请法律、财务、人力资源管理、企业管理等领域的专业人才研究制定公司重组方案，而公司重组的主要方式就是并购。下面对公司并购的基本概念与主要方式进行具体分析。

◆公司并购的概念

公司并购指的是一家公司或若干家公司对其他公司的产权进行重组的商业活动，主要有两种形式，一种是兼并，一种是收购。

（1）兼并（Merger）。

兼并分为两种形式，一种是吸收兼并，一种是创立兼并。吸收兼并可以视为吸收合并，指的是两家或者两家以上的公司合并，其中的一家公司吸收了其他公司成为存续公司；创立兼并可以视为新设合并，指的是两家或者两家以上的公司通过合并形成一家新公司，原有的公司同时消失。

（2）收购（Acquisitions）。

收购指的是一家公司通过购买另一家公司的股票或股份获得该公司的控制权或经营管理权，另一家公司会继续存在，不会完全消失。按照收购标的的不同，收购可以分为两种类型，一种是资产收购，一种是股份收购。其中，资产收购指的是并购公司购买目标公司的所有资产或者部分资产，将目标公司变成自己的一部分；股份收购指的是并购公司购买目标公司的所有股份或者部分股份，将目标公司变成自己的一部分。股份收购也可以分为两种类型，一种是现金并购，一种是换股并购。其中，换股并购指的是并购公司向目标公司的股东发行股票，用自己公司的股票交换目标公司的股票，最终将目标公司收为己有。

◆企业并购的四种路径

（1）协议并购。

协议并购指的是并购方通过友好协商的方式与目标企业确立交易条件，签订并购协议，最终完成对目标企业的并购。根据目标企业的不同，协议并购又可以划分为两种类型，一种是上市公司的协议并购，一种是非上市公司的协议并购。从本质上看，这两种并购方式没有太大区别，只是上市公司的协议并购需要遵循《上市公司收购管理办法》（证监会令第35号）等特别规定。

（2）要约收购。

要约收购指的是收购方向被收购公司发出收购公告，等被收购公司确认后，按照公告中的并购条件、并购价格、时间期限及其他事项等收购目标公司股份的行为。在要约收购模式下，被收购公司的所有股东都能平等地获取信息，自主做出选择。相较于协议并购来说，要约收购更加公平，可以有效保护小股东的利益，目前主要应用于上市公司并购。

（3）竞价收购。

竞价收购指的是目标企业发布出售公告，吸引资金实力雄厚的潜在购买方关注，通过递交密标的方式公开竞价，价高者获得并购资格。与其他并购方式的不同之处在于，竞价并购是以被并购企业为主导，可以根据招标形式的不同分为公开招标、拍卖、竞争性谈判、议标等形式，为股权并购提供了一个良好的竞争环境，可以在最大限度上保证被并购企业股东的利益，目前主要适用于国有企业并购。

（4）财务重组并购。

财务重组并购指的是按照一定的程序，对陷入财务危机但仍有机会脱险，可以重建价值的企业进行整顿，让企业重新焕发生机与活力的一种并购方式。目前，财务重组并购主要有三种类型，分别是承担债务式并购、资产置换式并购和托管式并购，如表5–1所示。

表 5–1　财务重组并购的三种类型

类型	具体内容
承担债务式	在被并购企业资不抵债或者资产与债务相当的情况下，并购方以承担被并购方的所有债务或者部分债务为条件，完成对被并购方的收购，获得被并购方的控制权
资产置换式	并购方将自己的优质资产置换到被并购企业，将被并购企业原有的不良资产连带负债剥离，获得被并购企业的控制权与经营管理权。在具体操作过程中，资产置换式并购又可以分为两种类型，一种是先并购后置换，一种是先债务重组后置换
托管式并购	被并购方与并购方签订契约，将自己的财产经营管理权限、权益和风险转让给并购方，并购方获得这些权限之后以适当名义开展有偿经营活动。这种并购方式主要适用于目标企业的经营状况无法实行企业并购的情况，只能先托管再并购

5.1.2　股权并购操作实务与要点

◆股权转让收购

公司股东将自己持有的公司股权转让给其他人，让对方获得公司控制权。转让后，公司的注册资本不变，但股东之间的股权比例会发生很大的变化。

股权转让需要注意股权的标的公司是有限公司还是股份有限公司，这里的有限公司包括一人有限公司、国有独资公司。因为《公司法》对有限公司的股权转让做出了明确规定，再加上有限公司的章程中有很多自治内容，这些都需要股权转让的收购方特别注意。如果是股份有限公司，且公司还没有挂牌上市，其在公司章程中也有可能对股权转让做出一些特殊规定，股权转让的收购方也要特别注意。

◆增资并购

增资并购指的是收购人向目标公司增加现金、资产，增加目标公司的注册资本，获得目标公司的控制权。从目标公司的角度看，这种方式也可以称为定向增发。在增资并购模式下，增资人的身份可以多元化，可以是股东，也可以不是股东。根据《公司法》规定，如果公司章程没有特殊规定，增资时现股东可以按照实缴的出资比例优先认缴新增出资；如果是有限责任公司增资，必须获得2/3以上拥有表决权的股东的同意；如果是股份有限公司增资，必须召开股东大会，并获得2/3以上出席会议的股东的表决权。

◆混合方式

（1）股权转让+增资。

实际的并购交易经常采用“股权转让+增资”的模式，这种方式有很多优点：第一，可以让转让方实现部分变现；第二，降低收购成本，相较于单纯的增资并购来说，“股权转让+增资”的成本要低很多；第三，增资可以增加标的公司的资产与现金流，为标的公司引入新资产、新业务，为标的公司扩大生产经营奠定良好的基础。

（2）剥离+股权转让+增资。

如果标的公司的资产中存在一些非经营性资产、非主业资产以及存在瑕疵的资产，就要采用分立、转让等方式将这部分资产剥离，然后再通过股权转让、增资并购等方式完成股权并购。

◆其他衍生方式

（1）债权转股权。

债权转股权指的是收购人将目标公司的债权转化为目标公司的股权，最终实现对目标公司的控制的一种收购行为。在债权转股权的过程中，债权人与目标公司要开展两次交易，一次是目标公司向转股债权人清偿债务，一次是转股债权人将受偿后的资金投入目标公司。从本质上看，这种投资行为属于增资，债权转股权就是转股债权人利用受偿资金对目标公司进行增资。

（2）以股换股。

目标公司股东用持有的目标公司的股权置换收购人或收购人控股公司的股权，目标公司变为收购人或收购人控股公司的全资子公司或者控股子公司。以股换股改变了传统的现金支付方式，将股权作为支付手段，涉及两个标的的定价问题，一是目标公司的股权定价，二是支付手段的股权定价，涉及很多法律问题。

5.1.3 资产收购操作实务与要点

资产收购指的是收购方通过购买目标公司所有实质性经营性资产完成对目标公司的收购，这种类型的收购以物的所有权为交易目的。收购完成后，目标公司可以依法存续，也可以清算注销。资产收购按照不同的分类标准，可分为不同的类型。

◆根据收购主体分类

根据收购主体，资产收购可以分为两种不同的类型，一是直接收购，二是间接收购，具体分析如下。

（1）直接收购。

收购方与目标公司签订资产收购合同，利用收购资产设立独资子公司，或者与其他企业合资设立子公司，或者在目标公司所在地设立分公司，将收购获得的资产拨付给分公司使用，或者自己使用。

（2）间接收购。

收购方在目标公司所在地设立壳公司，通过壳公司与目标公司签署资产收购合同，完成资产收购。另外，在具体操作过程中，为了避税，目标公司可能会先利用收购资产投资设立一家公司，再由收购方收购这个新公司的股权。虽然收购的是股权，但实质交易的是资产，因为收购方的目的不是获得目标公司的控股权，借此获得目标公司的全部资产、负债、业务、人员等，而是只获得目标公司的特定资产，所以这种方式也被称为间接收购。

公司选择直接收购还是间接收购主要考虑以下因素，收购后的经营发展战略部署、经营主体安排、并购重组的税负成本、交易各方的意愿等。

◆根据支付对价方式分类

按照收购方向目标公司支付对价的方式，资产收购可以划分为货币资金收购、资产置换、股权支付收购资产、承债式收购等类型，如表5–2所示。

表5–2　资产收购的四种类型

基本类型	具体内容
货币资金收购	收购方以货币资金为支付对价完成资产收购
资产置换	交易双方进行资产置换，收购方将资产作为支付对价进行资产收购
股权支付收购资产	收购方向目标公司发行股份作为支付收购资产的对价方式，获得目标公司的资产所有权
承债式收购	收购方将承担目标公司的债务作为支付对价手段，但这种承债不是净资产收购，也不是概括性地承继目标公司的债务，所承继的债务必须经债权人同意，收购方才能承担

在资产收购过程中，上述多种支付方式可以混合使用。一般来说，货币资金收购是资产收购的主要方式，资产置换、发行股份、承债收购属于特殊方式，这些特殊方式涉及资产重组等诸多内容，操作起来更加复杂。

5.1.4　公司合并操作实务与要点

公司合并是一家公司或者多家公司将所有资产与负债转让给另一家公司，被合并公司的股东获得合并公司的股权或非股权支付，让两家及两家以上的公司实现依法合并，被合并公司的资产、债务、业务由收购公司承继，参与合并的公司在合并前的资产、债务、业务由存续公司或者新设立的公司承继。按照不同的分类方法，公司合并可以划分为不同的方式，下面对几种不同类型的公司合并进行具体分析。

◆新设合并和吸收合并

《公司法》第一百七十二条规定："公司合并可以采取吸收合并或者新设合并。"由此，新设合并、吸收合并就成为公司合并中唯一有法律依据的分类。这种分类方法的依据是公司合并后存续公司的不同，包括法律主体的存废、权利义务责任的转移承继、债权人利益保护、公司法人实体的变化等。根据《公司法》的规定，吸收合并指的是一家公司吸收了其他公司，被吸收的公司解散；新设合并指的是两家及两家以上的公司合并设立一个新的公司，合并各方解散。这种分类方法可以帮助人们从法律视角认识公司合并，但具体操作过程中会出现很多非常复杂的问题，给参与主体带来极大的困惑。

◆简单合并和复杂合并

根据参与合并的公司的产权人是否相同，合并前后股东及股东权益是否发生变化，可以将公司合并划分为简单合并与复杂合并两种形式。

（1）简单合并。

简单合并又称为股权整合，指的是公司合并前后各公司的股东与股比没有发生变化的合并方式，如全资子公司与母公司的合并、股东与股比完全相同的两家公司的合并等。这种合并方式不需要协商作价，可以用合并同类项的方式对资产、来源、权益进行处置，可以很好地保护合并双方或者多方的权益。

（2）复杂合并。

复杂合并指的是公司合并前后各公司的股东、股比发生较大变化的合并方式。在公司合并实践中，复杂合并是基本形态，简单合并才是特殊形态。复杂合并涉及的问题非常多，不仅包括合并公司之间资产债务的归一问题，还包括合并后公司股东及股东权益的调整问题，执行起来比较复杂。

◆正向合并和反向合并

在吸收合并的过程中，虽然从法律上看被合并的公司最终注销退出市场，但这并不代表在合并过程中被合并公司的控股股东处于弱势地位，有可能在新的公司成立后，被合并公司的控股股东会成为新公司的控股股东。因此，从公司合并后存续公司与被合并公司的控股股东是否一致上看，可以将公司合并划分为正向合并与反向合并两种类型，这种分类方式可以帮助人们发现合并交易的最终受益者。

（1）正向合并。

在合并交易完成后，被合并公司的资产、负债自动转移到新成立的公司，被合并公司的股东将自己的股份置换成合并公司的股份。

（2）反向合并。

在反向合并模式中，收购公司通过法律手段将资产、负债转移到目标公司，完成合并后，目标公司将作为主体存续，收购公司的股东将所持有的股票置换为目标公司的股票。反向收购完成后，存续的目标公司的控股股东成为合并后注销公司的控股股东。当目标公司可以作为“壳”的时候，往往会发生反向合并，如非上市公司通过反向兼并将盈利资产业务并入上市公司，成为上市公司的控股股东等。

5.2 上市公司并购重组的方案设计

5.2.1 估值定价确定

并购交易通常很难找到一个完美的交易方案，只能找到尽量平衡各方利益的最优解。这是因为并购交易涉及多方人员和机构，包括监管机构、上市公司及其股东、双方管理层、标的公司、债权人、职工、当地政府等。于是，一个优秀的交易方案应该做到以下两点，一是能够清楚地展现交易各方的需求，二是能够解决交易各方所关注的问题。只有这样才能使方案兼顾各方利益，打消各方疑虑，促使并购交易顺利进行。

根据交易各方需求的不同，交易方案制定者会调整交易结构。例如，当卖方偏好现金时，交易就应该尽可能安排现金支付；当买方认为标的资产在未来可能有较大风险时，就可以考虑分期支付或分布购买的方式。对于交易各方关心的各种问题，交易方案制定者也会相应地提出解决办法。例如，当交易各方对交易价格和标的资产的盈利能力存在分歧时，交易方案制定者可以在交易结构中加上对赌条款；当买方担心交易结束后标的资产核心人员流失时，交易方案制定者可以增加核心人员离职补偿条款和竞业禁止条款。

一个并购交易方案从设计到实行，除了要满足上述两点要求之外，还要在构成重大资产重组时通过交易所或者证监会的审核。因此，在合规性和商业利益二者之间取得平衡，成了交易方案设计的一大重点，也是达成并购交易的核心。显而易见，想要达到这一平衡需要大量信息与资源作依托，这就体现了证券公司和投资银行的价值。

接下来我们从估值定价确定、支付方式安排、业绩承诺及补偿安排、融资方案设计四个方面对如何设计并购交易方案进行说明。

对于一项并购交易来说，估值定价是基础。估值定价涉及估值依据、评估方法以及意向性谈判等多方面的内容，具体介绍如下。

首先是估值依据。根据现行的重大资产重组管理办法，目前可以从两种途径获得标的资产的估值依据，分别是资产评估机构和估值机构。具有证券从业资格的资产评估机构可以出具资产评估结论，估值机构可以出具估值报告。由于前者要遵循资产评估法和相关行业准则，相对来说更容易受到监管部门和市场的认可，因此在市场中占据着主流位置。

其次是评估方法。目前比较常见的评估方法有资产基础法、收益法和市场法三种。因为产业并购交易的绝大多数是营利性资产，所以收益法是运用最多的一种评估方法。此外，市场法也比较常见，可以细分为可比交易法和可比公司法，多运用于成熟市场，在A股市场中的使用率正在逐步提高。

最后是意向性谈判阶段。在这个阶段中，双方大多采用市盈率估值法进行谈判、达成共识，市盈率估值法是市场法的一种。双方交易谈判的内容涉及多个方面，例如上市公司的股价、拟定的发行价格、预测的盈利、所处行业的发展前景、增长率和方案设计等。通过谈判双方达成共识，最后得到作为谈判结果的估值，可见并购交易中的估值并不是单一方作用的结果，而是多方权衡下的综合结果。

接下来，我们分别从标的公司、上市公司、方案设计三个层面对估值的影响因素进行分析。

◆标的公司层面

对于标的公司来说，对估值影响比较显著的因素有所属行业的发展前景、盈利预测、业绩增长率等。如上文提到的，交易双方会根据市盈率对标的公司进行初步估价，其中，市盈率可以分为静态市盈率和动态市盈率。两种方式的使用情境不同，动态市盈率多用于市场情形乐观或者资产处于卖方市场的情况，如从事新兴业务的公司、互联网公司、处于业绩增长爆发期的公司等。

高估值需要高业绩增长率作支撑，而业绩增长率和市盈率之间存在着一定的配比关系。当增长率在20%左右时，市盈率倍数为8至10倍；当增长率为25%左右时，市盈率倍数为10至12倍；当增长率为30%左右时，市盈率倍数为12至15倍。由此可见增长率估值法也不失为一种简单有效的估值方法。

除了业绩增长率和盈利预测，公司所属行业的经营模式和发展前景、公司所处的发展阶段都会影响最终估值。甚至在有些案例中，公司会根据支付款项的进度在不同时点对标的公司进行多次估值。

◆上市公司层面

从上市公司的层面看，在使用股份支付或混合支付作为支付方式时，上市公司的股价及其合理性、双方拟定的股份发行价格，都会影响标的公司的估值。这是因为在这种支付方式下，标的公司的股东在交易中获得的是上市公司新发行的股份，如果不对上市公司新发行的和拟发行的股价水平进行考量，仅仅考虑标的公司的估值，得到的估值将会非常片面。

◆方案设计层面

在方案设计层面，支付方式、对赌安排、锁定期安排等交易结构都会影响最终的估值，这是因为对于一项交易来说风险和收益往往是对等的。在实际交易中，使用现金作为支付方式会产生公司估值低于股价支付的情况，无对赌安排会使公司估值低于有对赌安排，同样地，锁定期短也会使公司估值低于锁定期长的情况。此外，税收成本也会在一定程度上对估值产生影响。总而言之，对标的公司进行估值的过程非常复杂，不仅包括上市公司对标的公司的评判、双方的博弈，还需要获得市场和监管机构的认可。不合理的估值可能会面临市场和监管机构的不认可，甚至会危及公司业绩。因此，一个合理的估值应该尽量使各方利益最大化，构成交易方案的最优解。

5.2.2　支付方式安排

现阶段，比较常见的支付方式有股份支付和现金支付两种。两种方式组合下还产生了三种支付组合，分别是全现金支付、全股份支付、部分现金部分股份混合支付。

在并购交易的过程中，交易各方通常要围绕支付手段考虑以下情况。

（1）交易规模不同，交易采用的支付手段也会有所不同。一般情况下，小规模的并购交易经常使用现金支付，大规模的并购交易则倾向于使用股份支付或混合支付的方式。

（2）上市公司股权结构也会对支付方式产生影响，如果控股股东持股比例较高，会倾向使用股份支付。

（3）当公司估值较高时，上市公司倾向于使用股份支付的方式，与之相反，标的公司的股东更倾向于现金支付。

（4）上市公司在资金不充裕、融资能力较弱的情况下，会优先选择股份支付。

（5）交易方的身份和需求不同，对支付手段的偏好也会有所不同。例如，标的公司的实际控制人更倾向股份支付，而一些投资人和投资机构则更倾向现金支付，以便于短期套现。

（6）为锁定交易对方，发展长期利益关系，助力承诺业绩的实现，股份支付方式是更好的选择。

（7）支付方式的选择还受到标的资产性质的影响。证监会规定亏损的资产不允许使用股份支付的方式进行并购交易，因此股权支付方式的使用是有条件限制的。

（8）在进行并购交易时还要将税负问题纳入考虑，在股份占较大支付比例的情况下，可以采用一些合理的税务重组政策以实现延迟纳税。

（9）现金交易不需要通过证监会审核，耗时较短，而股权交易需要考虑审核通过的可能性以及时间成本。此外，不同的支付手段会对上市公司的财务状况、股权结构、经营状况等产生不同的影响。

5.2.3 业绩承诺及补偿安排

业绩承诺及补偿安排也是上市公司并购重组方案设计的一大重点，至于是否需要补偿、怎样补偿，我国出台的相关管理办法做出了规定。根据《上市公司重大资产重组管理办法》第三十五条：采取收益现值法、假设开发法等基于未来收益预期的方法对拟购买资产进行评估或估值并作为定价参考依据的，上市公司应当在重大资产重组实施完毕后3年内的年度报告中单独披露相关资产的实际盈利数与利润预测数的差异情况，并由会计师事务所对此出具专项审核意见；交易对方应当与上市公司就相关资产实际盈利数不足利润预测数的情况签订明确可行的补偿协议。

换言之，如果采用了未来收益预期的方法进行资产估值并进行交易，在重组3年后，上市公司就要在年度报告里单独披露所收购资产的实际盈利，并和利润预测进行对比。如果实际盈利数小于利润预测数，双方就可以进行协商并签订补偿协议。

另外，该条款还对对业绩补偿条件做出了进一步规定：上市公司向控股股东、实际控制人或其控制的关联人之外的特定对象购买资产且未导致控制权发生变更的，不适用本条前二款规定。上市公司与交易对方可以根据市场化原则，自主协商是否采取业绩补偿和每股收益填补措施及相关具体安排。

可见，业绩承诺及补偿方案有明确的实施条件和实施办法，在实际交易过程中可以灵活处理，双方可以自主协商是否需要补偿、怎样补偿，目前市场上就存在很多不进行补偿的案例。不过，设计了补偿条款的方案更容易通过审核，也能够保护上市公司中小股东的利益。此外还存在一些必须进行补偿的特殊情况，在交易方案设计的过程中需要多加留意。下面我们从四个方面对是否需要业绩补偿进行判断。

◆重组行为

重组行为可以分为购买标的资产和出售标的资产两种，仅在购买资产时会涉及业绩补偿，在出售资产时一般不会要求业绩补偿。例如广州乳业，在作为资产出售方时收到了上市公司支付的华联股份和远程咨询的股权，广州乳业并没有要求业绩补偿；在作为资产购买方时，广州乳业就设置了一级补偿。

◆评估方法

交易方案是否需要设计补偿条款，还要根据标的资产使用的估值办法决定。如上文所述，《上市公司重大资产重组管理办法》规定：只有采取收益法、假设开发法等未来收益预期的方法对拟购买资产进行评估或估值并将其作为定价参考依据的才需要进行业绩补偿。以中国动力在2016年进行的重大资产重组为例，这次资产重组涉及的标的资产有18项，其中一部分采用了资产基础法作为评估办法，还有一部分采用了收益法，于是，只有采用了收益法的资产在交易中设置了业绩补偿。

◆交易对方

证监会出台的《关于并购重组业绩补偿相关问题与解答》中提到：无论标的资产是否为其所有或控制，也无论其参与交易是否基于过桥等暂时性安排，上市公司的控股股东、实际控制人或者其控制的关联人都应该凭借获得的股份和现金进行业绩补偿。在交易定价采用资产基础估值的情况下，如果资产基础法中对于一项或几项资产采用了未来收益法进行估值，上市公司的控股股东实际控制人或控制的关联人应当对此部分进行业绩补偿。

也就是说，进行业绩补偿时不需考虑标的资产的控制权在哪方手里，也不需考虑交易是否基于过桥等暂时性安排，只要符合业绩补偿协议的条件就应当进行业绩补偿。此外，虽然采用资产基础法作为估值办法的情况不需要进行业绩补偿，但只要其中有一项或几项采用了未来收益法，就应该对这部分进行业绩补偿。

◆收购股比

设置了业绩承诺和业绩补偿的重组交易更容易通过证监会的审核，而证监会在审核时会更加关注收购标的公司的全部股权的交易，因此这种交易往往会设置业绩承诺和业绩补偿。相对地，如果是收购少数股东权益的交易，特别是收购控股子公司的少数股东权益的交易，大多不再进行业绩承诺和业绩补偿。

5.2.4 并购融资安排

在对从估值定价确定、支付方式安排、业绩承诺及补偿安排进行分析后，我们对融资途径进行介绍。目前主流的融资渠道有借款、债权融资、股权融资和并购基金四种，在实际操作中还可以对四种方式进行组合使用。

◆借款

在使用借款的方式进行并购融资时，可以选择的渠道主要是银行贷款和控股股东的资金拆借。

（1）银行并购贷款要遵循《商业银行并购贷款风险管理指引》的规定，特别是贷款在并购交易价款中的占比需要符合规定。此外，并购贷款要按月付息，利率也要在基准利率的基础上上浮，而且会要求抵押或质押担保，因此银行并购贷款并不是最佳的并购融资方式。

（2）上市公司还可以从控股股东处拆借资金用于资产收购，多见于被收购方对时间和现金有一定要求的情况。例如，境外收购交易对交易时间和现金的要求比较高，经常出现向控股股东拆借资金的融资方式，甚至会出现大股东直接收购的情况。

◆债券融资

在使用债券融资的方式进行并购融资时，可以选择的渠道主要是公开发行公司债券和非公开发行公司债券。这两种方式各有优缺点。如果企业选择公开发行公司债券，虽然可以享受更低的利率，但也要承担发行额度最多占到净资产40%的限制，还要通过证监会的审核；如果企业选择非公开发行公司债券，虽然可以享受到不受限制的额度、更快的融资速度，但也要承担更高的利率。综合来看，公开发行公司债券的方式更适合净资产规模大的公司，非公开发行公司债券的方式更适合打算置换控股股东或者资金拆借等情况。

◆股权融资

股权融资也是目前比较主流的一种并购融资方式。证监会发布的融资新规从发行规模和发行时间间隔方面对非公开发行股票做出了严格规定：发行规模不能超过原股份的20%；发行时间间隔要大于18个月。由于非公开发行股票受到了更多限制，因此在使用股权融资方式时，上市公司会优先考虑公开发行股票。

◆并购基金

如果收购对象是不够成熟的标的资产，或者公司计划进行产业链整合，那么公司可以考虑设立一支并购基金以进行融资。这类融资方式常见于境内公司收购境外标的资产的案例，例如，木林森在收购和谐明芯和卓睿投资持有的明芯广电所有股权时就设立了并购基金，并顺利完成了收购计划，很好地体现了并购基金融资方式的优越性。

5.3 企业融资并购渠道与操作要点

5.3.1 内部融资渠道

并购融资指的是以企业并购为目的筹集资金的过程，其特点在于融资数额较大、获取资金的渠道比较多、融资方式多元化，会在一定程度上影响到企业的资本结构、企业治理结构与企业未来的发展前景。

企业并购融资的方式有很多，根据资金来源可以分为内部融资和外部融资。其中内部融资指的是在企业内部筹集资金，一般不作为并购融资的主要方式。外部融资与内部融资相对，是从企业外部筹集资金，面向的是企业外部的经济主体，包括专业银行、非银行金融机构、证券市场等，是并购融资的主要方式。具体来看，企业内部融资的资金来源主要有三种，如表5-3所示。

表 5-3 企业内部融资的资金来源

资金来源	主要特点
自有资金	企业自有资金是众多融资方式中最稳妥、最有保障的一种，包括税后留利、折旧、闲置资产变卖等
未使用或未分配的专项基金	这类专项基金只适合在未使用、未分配前作为内部融资来源，不适合作为长期融资渠道。这部分基金主要由三大部分组成，一是从销售收入中分离出来的更新改造基金和修理基金；二是从利润中分离出来的新产品试制基金；三是生产发展基金和职工福利基金
企业应付税款和利息	企业应付税款和利息属于企业债务，这部分资金到期必须支付，无法长期占用。但从长期发展趋势来看，这部分资金也可以用作企业内部融资

5.3.2　外部融资渠道

企业并购的外部融资渠道主要包括债务融资、权益融资和混合型融资工具融资，下面对这三种融资方式进行具体分析。

◆债务融资

债务融资主要包括两种，一种是优先债务融资，一种是从属债务融资，如表5-4所示。

表5-4　债务融资

债务融资	具体内容
优先债务融资	是指在受偿顺序上享有优先权的债务，主要指商业银行等金融机构提供的并购贷款
从属债务融资	从属债务的受偿顺序排在优先债务的后面，主要包括各种无抵押贷款、无抵押债务以及各类公司债券、垃圾债券

◆权益融资

这里的权益融资指的是股票融资，可以分为两种，一种是普通股融资，一种是优先股融资，具体如表5-5所示。

表5-5　权益融资

权益融资	具体内容
普通股融资	企业通过普通股融资需要根据企业的经营业绩来确定投资收益，而不是在购买时约定。持有普通股的股东享有诸多权益，包括参与经营权、收益分配权、资产分配权、优先购股权和股份转让权等
优先股融资	优先股又称为特别股，持有优先股的股东可以获得一些优先权。优先股一般会提前明确股息收益率，持有优先股的股东不享有选举权和投票权，但是享有优先索偿权，可以优先领取股息，优先分配企业的剩余资产

◆混合型融资工具融资

除债务融资、权益融资外，企业还会使用一些混合型融资工具进行并购融资，这些融资工具往往兼具权益融资的特征和债务融资的特征，具体包括以下几种工具。

（1）可转换证券。

可转换证券主要分为两种类型，一种是可转换债券，一种是可转换优先股，是一种集权益与负债于一体的混合型融资工具，持有人可以在一定时限内按照一定的价格将债权转换为普通股。

（2）认股权证。

认股权证是企业发行的长期选择权证，允许持有人按照某一价格购买既定数量的股票，被视为优先股或普通股的替代物，备受并购企业以及投资人喜爱。企业往往会在发行长期债券的同时发行认股权证。对于企业来说，认股权证有两大优点：第一，认股权证可以防止被并购企业的股东在并购整合初期成为普通股东，可以保证被并购企业的股东拥有获得信息以及参与股东大会的权力；第二，认股权证不会对被并购企业现有股东的权益造成较大损害。通过发行认股权证融资的缺点在于，如果普通股股价比认股权证的约定价格高出很多，发行企业就要承受一定的损失。

5.3.3 特殊融资

除内部融资、外部融资之外，并购融资还有两种特殊的融资方式，分别是杠杆收购融资和卖方融资，具体分析如下。

◆杠杆收购融资

杠杆收购融资指的是通过增加并购企业的财务杠杆来完成并购交易的一种融资方式。从本质上看，杠杆收购融资就是并购企业通过借债购买目标企业的产权，利用目标企业的资产与现金流量偿还债务。在杠杆收购中，债务融资在交易成本中的占比高达95%，可以帮助小公司完成对大公司的并购。

按照目标公司的经理层是否参与收购可以将杠杆收购划分为两种方式，一种是管理层收购，一种是非管理层收购。杠杆收购融资的整体形态酷似一个倒金字塔，顶端是享有最高求偿权的一级银行贷款，在收购资金中的占比为50%~60%；中间是从属债务，在收购资金中的占比为20%~30%。

◆卖方融资

企业并购融资大多是买方融资，如果买方无法获得抵押贷款，或者买方因不愿意支付高利率而无法获得贷款时，卖方有可能愿意以低于市场利率的价格为买方提供所需资金，以尽快出售资产。买方想要获得资产的全部产权必须完全付清贷款，如果买方无力支付贷款，卖方可以收回资产，这种融资模式就是“卖方融资”。在卖方融资的各种方式中，最常见的方式就是在分期付款的条件下，利用或有支付的方式购买目标企业，这种支付方式所产生的效果与通过其他融资渠道获取资金进行并购的效果大体相同。

5.3.4　并购后的整合

并购后整合是影响并购效果的关键一环。想要做好并购后整合，首先要对新的组织形式进行分析，对企业并购的动因进行深入分析。并购方关于并购整合的经验在很大程度上影响着并购整合的效果。如果并购整合的目标是业务整合，就要在并购完成后迅速组建一支管理队伍，队伍成员包括并购企业与被并购企业的成员，以及外部聘请的专业顾问，彼此之间要形成高度信任关系，相互协作，最终让被并购公司融入并购公司。

从形式上看，企业并购后整合可以分为两种，一种是有形整合，一种是无形整合，其中有形整合的对象包括经营战略、人力资源、组织与制度、资产债务和财务；无形整合的对象主要是文化，具体分析如下。

◆经营战略整合

经营战略整合指的是对并购企业与被并购企业的优势战略环节进行整合，以提高并购后企业整体的竞争力与盈利能力。企业竞争力可以来自主营业务，也可以来自企业并购。事实上，企业通过并购和与自己的经营战略互补的企业进行整合，可以快速提高整体的竞争力。

但相较于内生的核心竞争力来说，这种从外部获得的核心竞争力属于潜在竞争力，不是企业真正的竞争力，需要经过一段时间的内化、适应、融合，才能成为企业真正的能力。也就是说，企业并购后的经营战略整合不仅要获得新的能力，还要让这种新能力与企业原有的能力系统相融合，进一步强化企业的核心能力，让企业在新的经营领域获得新的竞争优势，为企业的核心能力增添一些新要素，让企业焕发新的生机与活力。

◆人力资源整合

人力资源整合的主要目的是让并购企业与被并购企业的员工接受并购，增进双方人员的相互了解，让双方人员接受彼此之间的差异，达成对未来的共同期望，以实现并购目标。一般来说，企业被其他企业兼并后，企业员工会感到焦虑，担心自己会失业，或者无法融入新的工作环境等，从而主动离职，出现大量的人员流失，给企业并购造成严重的不良影响。

◆组织与制度整合

在并购整合的过程中，组织与制度整合是非常重要的一个环节，组织整合可以从两个层面切入，一是以组织发展战略为导向重新制定组织的愿景与使命，二是对组织结构进行重塑。组织整合是一个整体性、系统性的工作，涉及组织内外很多利益相关者。企业通过发布得到普遍认可的愿景与使命，可以增强企业股东、管理者以及员工的使命感与责任感，让他们为企业战略目标的实现共同努力。

企业组织结构重构的任务有很多，包括董事会改组、对管理层进行调整、职位分析、职能调整、部门设置、流程再造、人员调配等，以期在企业并购完成后形成一个开放性与自律性相结合、规范性与效率性相统一的组织体系，打造一个更科学合理的管理层次，让各个事业部、职能部门与战略业务单元的权责划分更加清晰、明确。

◆资产债务整合

企业资产整合指的是通过出售、购买、置换、托管、回购、承包经营等形式对企业的流动资产、固定资产、长期投资、无形资产、递延资产和其他资产等进行处理。在具体实践过程中，企业资产整合主要侧重于对固定资产、长期资产和无形资产进行整合，至于流动资产、递延资产和其他资产，主要通过财务处理的方式进行整合。对并购企业与被并购企业有较强互补性的资产可以进行资产置换；专有技术、商标权、专营权及土地使用权等无形资产，并购后要对资产价值进行深入挖掘，让这些资产继续发挥作用。

企业并购后的债务整合主要是将债务人的负债责任转移或者将债务转化为股份。虽然债务整合不会让企业的资产总额增加或减少，但会使企业的债务结构发生变化，可以将企业的负债率调整到一个比较合理的水平。

◆财务整合

财务整合指的是并购企业对被并购企业的财务制度体系、会计核算体系进行监管，用自己的财务制度规范被并购企业的财务制度，最终实现对被并购企业投资、经营、融资等财务活动的有效管理，从而获得最大化的收益。财务整合的最终目的是满足企业扩张需要，为并购后财务协同效应的发挥奠定良好的基础，帮助并购方对被并购方实施有效控制，最终实现并购战略。并购方通过财务整合可以建立一套高效的财务制度体系，实现一体化管理，切实提高各类财务信息与数据的利用效率。

◆文化整合

在并购后整合过程中，文化整合难度最大。文化整合的目的是最大限度降低两家企业的文化冲突，努力实现文化融合，最终形成彼此交融的企业文化。为了做到这一点，企业在文化整合的过程中要坚持实事求是、取长补短、求同存异的原则，塑造企业共同的价值观。在这个过程中，合并公司的领导要努力获取公司核心团队的信任，对文化整合产生积极的推动作用。

5.4 企业并购融资风险与防范对策

5.4.1 权益融资风险

企业并购融资风险指的是与并购资金和资本结构相关的风险，包括融资方式与并购动机是否相符，是否会对并购企业的控制权造成影响，资金能否即时到账，资金数量能否满足需求，债务负担是否会对企业的生产经营活动造成不良影响等。因为企业并购需要的资金量比较大，所以能否及时筹集到足够的资金就成为企业并购成败的关键。

综上所述，融资可以分为权益融资、债务融资和混合融资三种类型，每种类型的融资都具有不同的风险，下面我们先对权益融资的风险进行具体分析。

◆内部融资风险

内部融资可以在最短的时间内，以尽量低的成本筹集到所需资金。如果只考虑成本，内部融资应该是并购融资首选的融资方式。但内部融资有很大的局限性，主要表现在以下三个方面：第一，企业并购需要大量资金，仅靠内部融资很难满足资金需求；第二，企业内部资金往往被用来弥补亏损、进行研发投资等，如果因并购事宜被大量占用，可能会对企业正常经营活动的开展造成不良影响；第三，如果内部资金被大量占用，尤其是内部的流动资金，会导致企业对外部环境的适应能力下降。因此，企业一般不会将内部融资作为并购融资的主要方式。

◆股票融资风险

企业可以通过增发、配股等方式发行普通股筹集资金用于并购，因为股票融资不需要企业支付固定的利息，而且资金使用没有到期日，所以风险较小，是备受企业青睐的一种融资方式。但股票融资也有风险，主要表现在四个方面：第一，普通股的股东享有投票权，企业发行太多普通股会导致企业控制权分散，如果计算失误，可能使企业面临反向收购的风险；第二，权益资本的成本较高，普通股融资不利于企业形成合理的资本结构；第三，企业发行普通股要经过相关部门的审批，审批周期较长，可能使企业错失并购机会；第四，普通股融资无法抵税。

5.4.2 债务融资风险

债务融资是企业筹集资金的一种重要方式，可以满足企业在并购过程中的资金需求。随着经济不断发展，企业债务融资呈现出国际化的特点，也面临着较大的风险。具体来看，企业债务融资风险主要表现在以下四个方面。

◆**银行信贷风险**

银行信贷是企业债务融资的一种重要方式。银行向企业发放贷款之后，可以作为债权人参与公司治理，干涉企业的运营活动，保护企业的债权资产。但由于融资企业可能存在道德风险，可能通过对信息造假欺骗银行，再加上银行无法对债权资产的价值进行及时、准确地评估，无法对风险进行有效控制。

◆**商业信用融资风险**

作为一类短期负债，商业信用融资与企业特定的交易行为密切相关。在交易之前，风险类型、风险发生几率等事项基本就能明确，所以这种融资模式的代理成本比较低。但因为商业信用融资比较分散，单笔交易额比较小，债权人无法掌握太多企业股权，无法干预企业的运营活动，在企业管理中处于消极被动的地位。即便债权人发现企业滥用信用资金，也无法有效干涉。

◆**委托贷款风险**

委托贷款指的是由政府部门、企事业单位、其他经济组织及个人等委托人提供资金，对贷款对象、贷款金额、贷款期限、贷款利率、资金用途等事项进行明确，由金融机构代理发放贷款，并对贷款使用情况进行监督，为贷款收回提供协助。在这个过程中，金融机构为融资双方提供服务，并收取一定的费用，风险完全由委托人承担。

◆**项目融资风险**

项目融资是为了满足项目需求开展的一系列金融活动。在项目融资中，借款人用项目资产进行抵押获取资金，用项目拥有的资金记取收益偿还贷款，不考虑项目事业主体的一般信用能力。具体来看，项目融资有两种方式，一种是无追索权的项目融资，一种是有限追索权的项目融资。

无追索权的项目融资又被称为纯粹的项目融资。在这种融资方式下，融资方主要利用项目的经营收益偿还本金和利息。同时，贷款银行为保障自身利益，会要求获得物权担保。如果项目经营失败，其资产或收益无法清偿贷款，银行也无权追索。

有限追索权的项目融资指的是贷款银行不仅要求获得项目的物权担保，还要求有项目实体以外的第三方提供担保。如果项目创建失败或者经营失败，担保人要以担保金额为限偿还贷款。如果担保人拒不清偿，贷款银行有权进行追索。

5.4.3　混合融资风险

◆可转换债券融资风险

企业利用可转换债券融资有很多优点，如可以降低融资成本，无须支付高额利息，转股后不需要偿还本金，可以以高于当前股价的价格发行普通股。总而言之，可转换债券的优点主要体现在债转股上，风险也主要来源于此。债转股可以改变公司的资本结构，使公司的股本迅速增加，导致公司股东逐渐丧失对公司的控制权。此外，如果在债转股过程中，股价持续走高或者持续降低，逐渐偏离执行价格，可能会给企业带来财务危机。

◆认股权证的融资风险

认股权证融资的优点在于可以延期支付股利，为企业提供额外的股份基础，缺点主要表现在以下三个方面，如表5-6所示。

表5-6　认股权证融资的缺点

序号	缺点
1	认股权证的执行价格往往比发行时的股价高20%~30%，如果公司发展情况比较好，股票价格比执行价格高很多，可能会使公司原有股东蒙受较大损失
2	认股权证的行使有可能稀释原有股东的控制权
3	附带认股权证的债权的承销费用比普通债券高很多

◆可转换优先股的融资风险

如果企业在并购过程中已经承担了大量债务，可以通过发行可转换优先股来调整企业的资本结构，降低财务风险。但优先股的税后资金成本比负债的税后资金成本高很多，而且优先股的股东需要承担较高的风险，却只能收取固定的报酬，导致优先股的发行量比债权发行量少很多。

总而言之，混合融资的风险具有一定的滞后性，很难在短期内体现出来，如果规划不当可能给企业带来一定的风险。如果企业并购融资的金额不高，可以将混合融资作为辅助融资方式谨慎使用。

5.4.4　并购融资风险的防范对策

在企业并购过程中，定价决策、支付决策等决策行为也有可能诱发融资风险。因为定价决策是融资决策的基础，支付决策是融资决策的条件，因此对融资风险的控制要贯穿企业并购的整个过程。同时，因为企业并购需要大量资金，可能需要同时采用多种融资方式，要求企业在控制融资风险时要对不同融资方式带来的影响进行综合考虑。

◆控制企业并购成本

企业在并购融资决策前要合理确定并购成本。企业并购资金的需求量对融资额与融资方式有着直接影响。如果并购需要的资金比较少，企业利用自有资金和短期信贷就可以解决问题。如果并购需要的资金量比较大，企业就需要采用多种融资方式筹措资金。

一般来讲，并购成本主要由三部分构成，分别是并购完成成本、并购后的整合与运营成本、并购机会成本。其中，并购完成成本主要由直接成本和间接成本构成，其中直接成本指的是并购时直接支付的费用，间接成本包括债务成本、中间费用和税收成本等。并购后的整合和运营成本指的是并购完成后，为保证被并购企业健康发展而支出的运营成本。并购机会成本指的是实际成本费用支出以及为了并购放弃其他项目投资而丧失的收益。并购完成成本可以利用并购价格进行计算，并购后的整合和运营成本可以利用销售百分比法和回归分析法进行计算。

◆合理确定企业资本结构

确定了并购成本之后，下一步就是对融资来源进行安排，主要任务就是确定自有资金与外部融资的比例，外部融资中债务融资与股权融资的比例，其本质是确定资本结构。企业确定资本结构需要注意以下三个方面的问题：第一，以企业价值最大化为目标；第二，与企业偿债能力相匹配；第三，对企业风险承受能力、企业信用等级、债权人态度等因素进行综合考虑。

◆优化企业债务资本组成及期限结构

确定了企业的资本结构之后，下一步就是分析企业债务资本的组成与期限结构，对并购资金的需求量及支出情况进行合理安排，包括并购资金的支出顺序、支出数量等，并对债务融资的期限结构与数量结构做出合理安排；根据财务状况与融资可能合理安排资金使用，在不影响企业正常经营的前提下保证并购资金的有效供给；根据资产负债的期限结构对资产负债匹配关系进行调整，建立流动性资产组合，对企业并购的流动性风险进行有效管理；通过对企业的行业特征和资产负债的期限结构进行分析，按照期限对资金流入与流出进行组合，找到正现金流与负现金流出现的时间节点，通过对企业的资产负债结构进行调整来防范流动性风险。